Landesanstalt Preussische Geologische

Abhandlungen zur geologischen Specialkarte von Preussen und den Thüringischen Staaten

Heft 38

Landesanstalt Preussische Geologische

Abhandlungen zur geologischen Specialkarte von Preussen und den Thüringischen Staaten
Heft 38

ISBN/EAN: 9783337217242

Hergestellt in Europa, USA, Kanada, Australien, Japan

Cover: Foto ©Andreas Hilbeck / pixelio.de

Weitere Bücher finden Sie auf **www.hansebooks.com**

Abhandlungen

der

Königlich Preußischen

Geologischen Landesanstalt
und Bergakademie.

Neue Folge.

Heft 38.

BERLIN.

Im Vertrieb bei der Königlichen Geologischen Landesanstalt und Bergakademie.

Berlin N. 4. Invalidenstraße 44.

1903.

Geologisch-hydrologische Verhältnisse

im Ursprungsgebiete der

Paderquellen zu Paderborn.

Von

Dr. Hans Stille

in Berlin.

Mit Tafel I—VI und 8 Abbildungen im Text.

Herausgegeben

von der

**Königlich Preußischen Geologischen Landesanstalt
und Bergakademie.**

BERLIN.

Im Vertrieb bei der Königlichen Geologischen Landesanstalt und Bergakademie,
Berlin N. 4, Invalidenstraße 44.
1903.

Inhalts-Verzeichnis.

Hierzu Tafel I–VI.

Einleitung.

Inmitten der Stadt Paderborn, an der Grenze der Paderborner Hochfläche gegen die weite Tiefebene im Hinterlande des nördlichen Eggegebirges, den östlichsten Teil der Münsterschen Bucht, entspringt in vielen hunderten von einzelnen, dicht bei einander liegenden Quellen die Pader. Diese Quellen bilden einen Teil des den ganzen Nordrand des westfälischen Plänergebietes gegen die angrenzende Diluvialebene begleitenden Quellengürtels, dem nordwestlich Paderborn die Quellen zu Lippspringe, östlich die zu Upsprunge, Gesecke, Erwitte, Soest, Werl u. s. w. angehören.

Abgesehen von der älteren, die Paderquellen mehrfach erwähnenden Litteratur sind sie auf Grundlage genauerer Untersuchungen zuerst von BISCHOF beschrieben worden. Seine Arbeit über die Quellenverhältnisse am westlichen Abhange des Teutoburger Waldes aus dem Jahre 1834[1]) geht namentlich auf ihre physikalischen und chemischen Verhältnisse ein. 1847 bespricht er sie im ersten Bande seines Lehrbuches der Physikalischen und Chemischen Geologie als typisches Beispiel solcher Quellen, die versinkenden Bächen und Flüssen ihren Ursprung verdanken, und gibt dabei sehr ausführliche Darlegungen über die hydrologischen Verhältnisse ihres Ursprungs-

---

[1]) SCHWEIGGER's Jahrbuch der Chemie, Bd. VIII.

Abh. Geol. L.-A. N. F. Heft 38.

1

gebietes, von denen aus er in vielfach durchaus zutreffender
Weise die physikalischen und chemischen Verhältnisse der
Quellen zu erklären versucht. Die zweite Auflage des Lehrbuches von 1863 giebt diese Darstellungen in etwas verkürzter
Form. Weiter beschäftigt sich 1887 DAUBRÉE mit ihnen, gestützt
auf Angaben SCHLÜTER's, im ersten Bande seiner Eaux Souterrains
à l'Epoque Actuelle. Dann machten VÖLLERS und SCHLÜTER
gelegentlich der 48. Generalversammlung des Naturhistorischen
Vereins für Rheinland und Westfalen zu Paderborn Mitteilungen
über die Paderquellen[1]), und vor wenigen Jahren hat VÖLLERS
in einer Arbeit „Über geognostische und hydrognostische
Verhältnisse der Ortslage Paderborn und Umgegend"[2]) die
Temperaturverhältnisse der Quellen, gestützt auf eine große
Menge von Messungen, näher beschrieben.

In allerjüngster Zeit hat sich der bekannte Jenenser
Hygieniker GÄRTNER, der bei der Typhusepidemie vom Jahre
1898 seitens der Paderborner Stadtverwaltung als Sachverstän-
diger hinzugezogen worden war, in seiner Schrift über „Die
Quellen in ihren Beziehungen zum Grundwasser und zum
Typhus"[3]) mit den Paderquellen befaßt. Er bringt eine Fülle
von Beobachtungen über ihre physikalischen und chemischen
Verhältnisse und erklärt diese zum Teil auch aus der Beschaffenheit des tributären Gebietes. In eingehendster Weise
beschäftigt er sich mit den hygienischen Verhältnissen des

---

[1]) Siehe Verhandlungen dieses Vereins, Bd. 48, Korrespondenzblatt
S. 32—34.

[2]) Im 56. Bande der Zeitschrift für vaterländische Geschichte und
Altertumskunde Westfalens.

[3]) Klinisches Jahrbuch, Bd. IX, Jena 1902. S. 108 sagt GÄRTNER, es sei
ihm mitgeteilt worden, daß eine geologisch-hydrologische Untersuchung
des Ursprungsgebietes der Paderquellen seitens der Geologischen Landesanstalt im Gange sei, und daß eine hierüber bevorstehende Publikation,
wie er erfahren, zum Ausdruck bringen würde, daß die Paderborner
Typhusepidemie vom Jahre 1898 auf Typhusfälle im Dorfe Asseln südwestlich von Paderborn zurückzuführen wäre. Herr Professor GÄRTNER
muß hierin falsch unterrichtet worden sein; jedenfalls ist von meiner Seite
eine dahin gehende Vermutung in solch bestimmter Form niemals aus-
gesprochen worden, und ich werde nachher noch Gelegenheit haben, meine
Stellungnahme zu dieser Frage zu erläutern.

Paderwassers und sucht auch hier nach Beziehungen zum Ursprungsgebiete.

Die nachfolgende Arbeit über die geologisch-hydrologischen Verhältnisse des Ursprungsgebietes der Paderquellen ist nicht allein von wissenschaftlichen, sondern vorwiegend auch von praktischen Gesichtspunkten aus unternommen worden. Im Gegensatz zu dem großen Quellenreichtum bei Paderborn unterliegt nämlich das Gebiet südlich und südwestlich der Stadt, die Paderborner Hochfläche, ganz außerordentlichem Wassermangel, der in den dortigen eigenartigen geologischen Verhältnissen begründet liegt. Das ganze Gebiet besteht nämlich aus stark zerklüfteten Plänerkalken, und in diesen versinkt alles oberflächlich fließende Wasser, so auch die vom Eggegebirge kommenden, beim Betreten des Plänergebietes zum Teil sehr wasserreichen Bäche. Da nun auch Quellen so gut wie gänzlich fehlen, so befinden sich die dortigen Siedelungen in Bezug auf ihre Wasserversorgung in außerordentlich schwieriger Lage. Die Bewohner der sogenannten „trockenen" Dörfer Dörenhagen, Eggeringhausen und Busch, südwestlich von Paderborn, sind z. B. vollständig auf Cisternenwasser angewiesen und müssen, falls dieses im Sommer ausgeht, ihr Wasser von mehrere Kilometer weit entfernten Punkten herbeiholen.

Soll in solchen und ähnlichen Fällen Wandel geschaffen werden, soll namentlich versucht werden, durch Bohrungen Wasser zu erschließen, so ist natürlich in erster Linie erforderlich, daß die unterirdischen Wege des Wassers möglichst genau festgelegt werden. Die ausgeführten Untersuchungen beziehen sich zwar zunächst nur auf ein engumgrenztes Gebiet; aber die bei ihnen gewonnenen Erfahrungen über die Erkennung der unterirdischen Wasserwege und den näheren Vorgang der Wasserführung im Plänergebirge haben Gültigkeit auch für das übrige, gleichfalls zum Teil unter großem Wassermangel leidende westfälische Plänergebiet und werden somit auch dort bei den Versuchen, Wasser zu erlangen, von Wert sein.

Im folgenden werden nun zunächst die geologischen und danach die hydrologischen Verhältnisse des Ursprungsgebietes der Paderquellen eine eingehende Darstellung finden. Sodann

1*

wird versucht werden, die Wege der unterirdischen Wasserzuführung zu den Paderquellen festzulegen und weiter die
physikalischen Verhältnisse der Quellen aus den geologischen,
meteorologischen etc. Verhältnissen ihres Ursprungsgebietes
zu erklären. Ein besonderer Abschnitt wird zum Schluß einige
allgemeinere Gesichtspunkte für Wasserversorgungsanlagen im
Plänergebirge erörtern.

Bei meinen Untersuchungen habe ich bei Behörden und
Privaten vielfach die bereitwilligste Unterstützung gefunden,
so namentlich bei dem Magistrate der Stadt Paderborn, dem
ich an dieser Stelle meinen Dank ausspreche. Besonderer Dank
gebührt auch Herrn Generaloberarzt Dr. PLAGGE in Freiburg i. B.,
früher in Münster, der das gesamte in seinem Besitze befind-
liche Material über die Paderquellen der Königlichen Geologischen
Landesanstalt zur Verfügung stellte, und namentlich Herrn
Professor Dr. FRICKE zu Paderborn, der mich nicht allein jeder-
zeit in überaus entgegenkommender Weise bei meinen Untersuchungen unterstützt, sondern durch seine lange Zeit fortgesetzten Temperatur- und Trübungsbeobachtungen an den
Paderquellen überhaupt erst die Grundlage für einen Teil der
unten folgenden Ausführungen gegeben hat.

Das für den Ursprung der Paderquellen in Frage kommende Gebiet umfaßt einen großen Teil der Paderborner Plänerhochfläche, ihren Nordrand gegen die Diluvialebene und ihre
östliche und südöstliche Umrandung, das Eggegebirge. Im
allgemeinen bezeichnet man nur den nord-südlich verlaufenden
Teil des Gebirges südlich der Völmerstod, des höchsten Gipfels
des Teutoburger Waldes, als Eggegebirge, und in diesem Sinne
wäre in dem Gebiete der beifolgenden Höhenschichtenkarte
(s. Taf. 1) dieser Name nur bis etwa zum Bentenberge südlich
Kleinenberg anzuwenden. Vielfach pflegt man jedoch auch die
südlich sich anschließenden, mehr südwestlich verlaufenden
Bergzüge bis etwa in die Gegend von Essentho nördlich Mars-
berg dem Eggegebirge zuzurechnen, und die Berechtigung, auf
diese Weise das ganze Gebirge zwischen der Völmerstod und

der Diemel mit einer einheitlichen Bezeichnung zusammenzu-
fassen, liegt

1. in den orographischen Verhältnissen:

> Dieses Eggegebirge „im weiteren Sinne" bildet
> einen zusammenhängenden, sich überall weit über
> das östlich und westlich angrenzende Gebiet er-
> hebenden Gebirgszug;

2. in den hydrographischen Verhältnissen:

> es bildet die Wasserscheide zwischen Weser
> und Rhein;

3. in den geologischen Verhältnissen:

> es bezeichnet den Ostrand der westfälischen
> Kreidemulde.

Die durchschnittliche Höhe des für uns in Betracht kommenden Teiles des Eggekammes zwischen Altenbeken und Meerhof beträgt etwa 400 Meter; die höchste Erhebung bildet die
Hausheide westlich des etwas jenseits des Ostrandes unserer
Karte liegenden Städtchens Driburg mit 441,4 Metern; an
Höhe nicht sehr nach stehen der Dübelsnacken südwestlich Altenbeken (435,5 Meter), die Karlsschanze (433,2 Meter), die Burg
zwischen Kleinenberg und Borlinghausen (436 Meter) und
weitere Punkte in der Gegend von Blankenrode und Meerhof.
Die niedrigste Stelle des Eggekammes mit 345 Metern liegt bei
Neuenheerse. Der Steilhang der Egge ist nach O., nach dem
Wesergebirgslande, gerichtet; ihr westlicher Hang ist im allgemeinen ziemlich flach. Nach W. und NW. schließt sich an
die südliche Egge das Plateaugebiet der Paderborner Hochfläche an, das sich ganz allmählich nach N., zur Paderborner
Ebene, abdacht.

In den außerordentlich eintönigen landschaftlichen Charakter
dieser Hochfläche bringen eine Reihe tief — stellenweise bis
über 100 Meter — eingeschnittener, gewöhnlich von sehr steilen
Hängen begrenzter Täler einige Abwechslung; vielfach haben
diese einen außerordentlich gewundenen Verlauf; so beschreibt
z. B. das Ellerbachtal bei Hamborn förmlich mäandrische Windungen und umzieht auf diese Weise nach drei Seiten hin
eine Reihe abwechselnd von N. und S. vorspringender schmaler

Plateauzungen. Wo solche Talsysteme sich stark verzweigen, und dabei die einzelnen Täler breiter und ihre Hänge flacher werden, kann der ursprüngliche Plateaucharakter allerdings ziemlich verloren gehen, und nur die übereinstimmenden Höhenverhältnisse der einzelnen durch die Talsysteme getrennten Plateauabschnitte weisen noch auf ihn hin.

Das ganze Gebiet ist nur verhältnismäßig dünn besiedelt, und das liegt begründet in der im allgemeinen nur geringen Ertragsfähigkeit des Bodens, in der Armut an nutzbaren Bodenschätzen und, gewiß nicht zum kleinsten Teile, in den so außerordentlich ungünstigen Wasserverhältnissen. Naturgemäß liegen die Dörfer vorwiegend im Grunde der Täler, wo eine Wasserversorgung aus den offenen Flußläufen noch am leichtesten möglich ist.

Geologische Verhältnisse im Ursprungs-
gebiete der Paderquellen.

(Hierzu Tafel II: Geologische Übersichtskarte der Kreidebildungen
zwischen Paderborn und dem südlichen Eggegebirge)[1]).

I. Das Liegende der Kreideformation.

Die Paderborner Hochfläche und das östlich anschließende
Gebiet bis hin zum Kamme der Egge sind zusammengesetzt
aus Schichten der Kreideformation; erst im steilen Osthange
der Egge finden sich auch ältere Schichten, Jura und Trias.

An der Egge überlagert das tiefste Glied der Kreide, der
Neocomsandstein, sehr verschiedene Glieder des älteren Meso-
zoicums, und zwar bald Lias, bald Keuper, bald Muschelkalk
u. s. w., und es kann keinem Zweifel unterliegen, daß auch
weiter westlich recht verschiedene Horizonte unter der Kreide
liegen. Da nun, soweit mir bekannt, noch nirgends im
Bereiche der Paderborner Hochfläche eine Bohrung durch die
Kreideformation hindurch bis in ihr Liegendes gestoßen worden
ist, so stehen wir in Bezug auf den vorcretaceischen Untergrund

---

[1]) Die Übersichtskarte enthält eine Reduktion auf den Maßstab 1 : 75 000
der von mir in den letzten Jahren im Maßstabe 1 : 25 000 ausgeführten
Spezialaufnahmen auf den Blättern Altenbeken, Lichtenau, Kleinenberg,
Etteln und der angrenzenden Teile der Blätter Paderborn, Fürstenberg i. W.,
Willebadessen und Peckelsheim. Die Blätter Altenbeken, Lichtenau, Kleinen-
berg und Etteln werden demnächst als Lieferung 70 der geologischen
Spezialkarte von Preußen und den Thüringischen Staaten im Verlage der
Königl. Preußischen Geologischen Landesanstalt erscheinen.

des Paderborner Plänergebietes einem fast völligen Dunkel gegenüber, und höchstens aus der Verbreitung der älteren mesozoischen Glieder an der östlichen Randzone der westfälischen Kreide, an der Egge, lassen sich einzelne, dazu noch recht unsichere Schlüsse auf das Liegende der Kreide weiter westlich ziehen. Die Frage nach der Unterkante der westfälischen Kreide ist eben ein Problem, vergleichbar etwa der Frage nach der Unterkante des Diluvium im norddeutschen Flachlande, und nur durch Tiefbohrungen wird etwas Licht hinein gebracht werden können.

Es kommt hinzu, daß nach den Ergebnissen der jüngsten Spezialkartierungen des Verfassers am Ostrande der westfälischen Kreide, an der Egge, die Kreideformation keineswegs, wie man bisher geglaubt hatte, über einem noch ungestörten Gebirge älterer mesozoischer Schichten zur Ablagerung gekommen ist, sondern daß schon vor der Ablagerung der Kreide Schichtverschiebungen von zum Teil recht erheblichem Betrage eingetreten sind[1]; und wenn solche an der Egge nachweisbar sind, so werden sie gewiß auch nach W. unter der Kreide fortsetzen. So ist z. B. am Kreiderande bei Borlinghausen im Liegenden des ungestörten Neocoms Mittlerer Keuper gegen Wellenkalk an einer Verwerfung abgesunken, die weiter westlich bei Schönthal Mittleren Buntsandstein neben Mittleren Keuper legt, deren Sprunghöhe also nach dem Innern der Kreidemulde erheblich zugenommen hat.

Besonders erschwert wird die Beurteilung des tieferen Untergrundes der Paderborner Hochfläche auch dadurch, daß nicht allein das tiefste Glied der Unteren Kreide, der Neocomsandstein, sondern auch das Unterste Cenoman transgredierend recht wechselnde Horizonte überlagert. Am nördlichen Eggegebirge, bis etwa hin nach Altenbeken, scheint zwar überall das Cenoman noch konkordant auf dem Flammenmergel, dem jüngsten Gliede des Gault, zu liegen; weiter südlich verschwindet aber ein Glied der Unteren Kreide nach dem anderen

---

[1] Stille, Über prärecretaceische Schichtverschiebungen im älteren Mesozoicum des südlichen Eggegebirges. Jahrbuch der Preuß. Geolog. Landesanstalt für 1902.

in seinem Liegenden, so bei Buke die oberste glaukonitische
Stufe des Flammenmergelhorizontes, bei Schwaney die ganze
übrige Flammenmergelzone, am Marschallshagen südwestlich
Kleinenberg der Gaultsandstein und bei Blankenrode, endlich
der Neocomsandstein. Somit ist an den letzten Ausläufern
des Eggegebirges überhaupt keine Untere Kreide mehr vorhanden, vielmehr legt sich hier das tiefste Glied der Oberen
Kreide, der Cenomanmergel, unmittelbar auf Triasschichten.

Es findet sich also im Liegenden des Cenomans am Eggegebirge eine von N. nach S. immer größer werdende Schicht-
lücke. Nun hat sich aber weiter ergeben, daß auch im Liegenden der Unteren Kreide — wenigstens im großen und
ganzen gesagt — von N. nach S. immer ältere Schichten auftreten, daß also, je weiter wir nach S. kommen, auch um so
beträchtlichere Schichtenmächtigkeiten durch die Abrasion vor
Ablagerung der Unteren Kreide abgetragen sind. Nur geht
diese Alterszunahme im Liegenden des Neocom nicht annähernd
mit derselben Regelmäßigkeit vor sich, wie im Liegenden des
Cenoman; vielmehr wiederholen sich häufig Schichten unter
und neben der Kreide, die weiter nördlich schon fehlten.

Somit haben wir zwei Schichtlücken im geologischen Profile
des Eggegebirges, die von N. nach S. an Betrag zunehmen
und die endlich bei Blankenrode mit dem Verschwinden der
Unteren Kreide zu einer einzigen verschmelzen. Im übrigen
verweise ich auf die in der Arbeit über die präcretaceischen
Brüche gegebene schematische Darstellung des geologischen
Profiles der Egge an einer Reihe nord-südlich sich folgender
Punkte zwischen Altenbeken und der Diemel.

In Bezug auf das Liegende der Unteren Kreide ist im
einzelnen hervorzuheben, daß am nördlichen Rehberge, nordöstlich von Altenbeken — schon etwas nördlich der Übersichtskarte Tafel II — die Kreide auf Lias, zunächst auf
Mittlerem, dann auf Unterem liegt; am südlichen Rehberge
finden sich unter ihr eine Reihe verschiedener Horizonte und
zwar Gipskeuper, Oberer, Mittlerer und Unterer Muschelkalk; doch liegen hier ganz besondere tektonische Verhältnisse
vor, die nicht entscheiden lassen, welche Horizonte das ur-

sprüngliche Liegende der Kreide gebildet haben mögen. Weiter südlich liegt unter der Kreide zunächst überall Mittlerer Muschelkalk, so an der ganzen Egge westlich und südwestlich Driburg bis hin zur Klusweide, wo sich ganz lokal noch einmal jüngere Horizonte — Oberer Muschelkalk und Keuper — unter ihr einstellen. Von hier bis zum Netheberge überlagert das Neocom überall Wellenkalk, am Netheberge selbst auch Mittleren und Oberen Muschelkalk, südlich von ihm bis hin zur Teutoniahütte bei Borlinghausen fast überall Keuper, nur ganz vorübergehend, wie am Neuenbeerser Bahneinschnitte und am Paderborner Berge auch Lias. Am Eggehange bei der Teutoniahütte findet sich dann der obenerwähnte ost-westlich gerichtete prächtcretacische Abbruch, nördlich dessen die Kreide überall auf Gipskeuper liegt, so z. B. bei Bühlheim und Schönthal, südlich aber auf viel älteren mesozoischen Schichten, so von der Teutoniahütte bis zum Beutenberge auf Wellenkalk, am Beutenberge, bei Kleinenberg und am östlichen Marschallshagen auf Röth, weiter westlich und südwestlich auf Mittlerem Buntsandstein.

II. Stratigraphie der Kreideformation und des Diluvium zwischen Paderborn und der Egge.

Im Ursprungsgebiete der Paderquellen treten fast ausschließlich Schichten der Kreideformation zu Tage; nur in seinem südlichsten Teile finden sich hier und da noch ältere mesozoische Schichten, so namentlich Buntsandstein und Gipskeuper, doch eigentlich nirgends in größerer Verbreitung. Ich beschränke mich deshalb im folgenden darauf, nur die Entwicklung der Kreide genauer zu besprechen.

Die Kreideschichten bilden eine große Mulde und fallen dabei fast durchweg etwa nach Paderborn zu, also nach W. bezw. NW., ein; somit liegen die ältesten Glieder der Kreide an der Egge, das jüngste bei Paderborn.

1. Neocom.

Das Neocom ist am südlichen Eggegebirge, wie überhaupt am ganzen Teutoburger Walde, durch einen weißlichen oder gelblichen, mittelkörnigen, ziemlich festen Sandstein vertreten, dessen Mächtigkeit im allgemeinen 20 Meter beträgt; etwa von Borlinghausen an nach SW. verringert diese sich allerdings, und südlich Blankenrode ist, wie wir sahen, überhaupt kein Neocomsandstein mehr vorhanden. So fehlt das Neocom z. B. schon an der Grenze von Kreide und Trias bald westlich und südwestlich Blankenrode, ferner bei der Försterei Blindeborn; dagegen ist es noch vorhanden im Düsteren Grunde, am westlichsten Marschallshagen und am Südfuße des Sassen- und Boddenberges, und so fällt der Westrand des Neocom unter

dem transgredicrenden Cenoman zwischen Blankenrode und der
Amelungen-Kapelle etwa mit dem Tale der Altenau zusammen.

An der Egge bildet der Neocomsandstein den oberen Abschluß des im übrigen aus Trias und Lias bestehenden Ost-
hanges und zieht sich dabei als im allgemeinen nur schmales
Band am Kamme hin; nur im südlichsten Teile nimmt er bei
gewiß nicht erheblicherer Mächtigkeit infolge seiner fast
söhligen Lagerung recht breite Flächen ein und ist hier vielfach durch Verwerfungen in einzelne Schollen zerrissen.

Als Neocom ist der bis dahin für Quadersandstein gehal-
tene Kammsandstein des Eggegebirges zuerst durch F. Römer[1])
gedeutet worden auf Grund des Vorkommens von *Ammonites
Decheni* A. Röm. an der Karlsschanze bei Willebadessen und
von *Lima longa* A. Röm., *Lima elongata* A. Röm., *Cidaris caria-
bilis* Dkr. u. K , *Exogyra sinuata* Sow. und *Terebratula multiformis*
A. Röm. im Bahneinschnitte von Neuenheerse, also lauter
Formen, die aus dem Hannoverschen Hilston und dem schon
früher[2]) als Neocom erkannten Sandsteine von Örlinghausen
am nördlichen Teutoburger Walde bekannt waren. Die nach
Römer einen Fuß mächtige fossilführende Sandsteinschicht
ist zur Zeit bei Neuenheerse nicht aufgeschlossen, wohl aber
habe ich Stücke von ihr mit den erwähnten Fossilien auf alten
Halden beim Bahneinschnitte angetroffen. Im übrigen ist der
Neocomsandstein des Eggegebirges recht arm an organischen
Resten; zu erwähnen ist nur noch ein schlecht erhaltener
Polyptychites sp. aus den Neuenheerser Sandsteinbrüche und
Steinkerne eines nicht sicher zu bestimmenden Pelecypoden,
sehr wahrscheinlich einer *Isocardia*, aus etwas phosphor-
haltigen Kalkknollen einer mürben, stark glaukonitischen Lage
des Neocom in den „Flachslöchern" nordöstlich von Blankenrode. In petrographischer Beziehung ist der Neocomsandstein
am ganzen Eggegebirge nördlich von Borlinghausen recht gleich-

[1]) F. Römer, Über das Alter des Kreidesandsteines im südl. Teile
des Teutoburger Waldes. Neues Jahrb. f. 1852, S. 185—191.
[2]) F. Römer, Geognostischer Durchschnitt durch die Gebirgskette des
Teutoburger Waldes. Neues Jahrb. f. 1845, S. 269—277 u. F. Römer, Mitteilung an Prof. Bronn, Neues Jahrb. f. 1848, S. 786—789.

mäßig entwickelt; sein Korn stimmt etwa mit dem der typischen
Gesteine unseres Mittleren Buntsandstein überein, und konglo-
meratische Lagen fehlen so gut wie gänzlich. Dagegen sind
solche am südlichsten Eggegebirge, und zwar etwa von dort an,
wo das Gestein allmählich an Mächtigkeit verliert, vielfach
zu beobachten, so z. B. auf der Taubenheide, in den Flachslöchern, bei der Burg Blankenrode. Überhaupt ist das Korn
des Sandsteins am südlichsten Eggegebirge im allgemeinen
etwas gröber als weiter nördlich. Auch weiter nördlich findet
sich hier und da schon ein geringer Glaukonitgehalt im Neocomsandstein; stark glaukonitische Lagen, die zum Teil in förmliche
Grünsande übergehen, sind aber nur am südlichsten Eggegebirge vertreten. Die Größe der Gerölle im Neocomsandstein
nimmt von N. nach S. zu, und bei der Burg Blankenrode
finden sich z. B. vereinzelt solche von mehreren Centimetern
Durchmesser. Alles dies spricht dafür, dass nicht allzu
weit südlich vom heutigen Eggegebirge die alte Strandlinie
des Neocommeeres gelegen haben muß, und so kommen eben
zwei Umstände zusammen, um das Auskeilen des Neocom zu
begründen, die ursprüngliche Mächtigkeitsabnahme des Gesteines und die spätere Abtragung vor Ablagerung des Cenoman;
letzterer möchte ich aber doch die Hauptwirkung zuschreiben.

2. Gault.

In seiner ganzen ursprünglichen Entwickelung ist der Gault
nur noch bei Altenbeken vertreten: nach S. zu verschwindet,
wie wir sahen, eines seiner Glieder nach dem anderen infolge
der übergreifenden Lagerung des Cenoman, und südwestlich
vom Bentenberge bei Kleinenberg fehlt der Gault gänzlich.

Bei Altenbeken beobachtete SCHLÜTER[1]) im unmittelbaren
Hangenden des Neocomsandsteines beim Bau des Altenbekener
Tunnels ca. 4 Meter Grünsand, der jetzt nirgends aufgeschlossen
ist. Er fand im unteren Teile dieser Sande *Ammonites Martini*
D'ORB. und stellte ihn deshalb zum Unteren Gault, im oberen

---

[1]) SCHLÜTER, Schichten des Teutoburger Waldes bei Altenbeken.
Zeitschr. d. Deutsch. Geolog. Gesellschaft f. 1866, S. 53.

Teile *Ammonites Milletianus* D'ORB., *Ammonites Raulinianus* D'ORB.
und *Hamites elegans* D'ORB. und rechnete ihn zum Mittleren
Gault.

Diesen glaukonitischen Horizont überlagert bei Altenbeken
ein vorwiegend rot gefärbter, mürberer, grobkörniger Sandstein, der nach den von SCHLÜTER gelegentlich des Tunnelbaues
gemachten Beobachtungen hier eine Mächtigkeit von 40 Metern
besitzt. Dieser Gaultsandstein ist sehr eisenschüssig, oft
so sehr, dass früher Bergbau darauf betrieben wurde; vielfach
ist er von Klüften durchzogen, die von Brauneisenstein erfüllt
sind. F. RÖMER[1]) erkannte zuerst seine Zugehörigkeit zum Gault
durch Auffindung von *Hoplites auritus* SOW. westlich von Neuenheerse. SCHLÜTER[2]) führt eine Reihe anderer Formen an, die er
beim Bau des Altenbekener Tunnels erhielt, und ich selbst
habe aus dem Gaultsandstein des südlichen Eggegebirges eine
ziemlich reiche Fauna zusammengebracht, aus der ich — nach
vorläufigen Bestimmungen — *Hoplites auritus* SOW., *Belemnites
minimus* LISTER, *Ostrea* sp., *Inoceramus concentricus* PARK., *Pinna*
sp., *Janira albensis* D'ORB., *Pecten Darius* D'ORB., *Pecten Dutemplii*
D'ORB., *Thetis minor* SOW., *Venus Vibrayeana* D'ORB., *Holaster
latissimus* AG. hervorhebe.

Bei seiner beträchtlichen Mächtigkeit und dem schwach
geneigten Einfallen tritt der Gaultsandstein am Westhange
der Egge bei Altenbeken und weiter südlich in großer Breite
zu Tage; nach N. wird er schnell schmaler, und schon bei
Kempen, 4 Kilometer nördlich von Altenbeken, verschwindet
er gänzlich, so daß dort das jüngste Glied des Gault, der
Flammenmergel, direkt auf Neocomsandstein liegt. Die aus-
gedehnteste Oberflächenverbreitung hat er etwa zwischen dem
Neuenheerser Bahneinschnitte und Kleinenberg, also im Asseler
Walde und weiter südlich, trotzdem seine Mächtigkeit dort
auch nicht annähernd so erheblich ist, wie etwa zwischen
Altenbeken und Schwaney. Im südlichen Verbreitungsgebiete

---

[1]) F. RÖMER, Notiz über Auffindung von *Ammonites auritus* in Kreideschichten bei Neuenheerse. Zeitschrift der Deutsch. Geol. Ges. f. 1852.
S. 728—733.
[2]) l. c. S. 54.

des Gaultsandstein finden sich hier und da Lagen von Milch-
quarzgeröllen, so bei Asseln und nördlich Kleinenberg.

Über dem Gaultsandstein liegt bei Altenbeken und Buke
der Flammenmergel, ein hell gefärbtes, kieseliges bis kieselig-
mergeliges Gestein, das bei der Verwitterung in knollige
Bruchstücke zerfällt, die im Innern oft einen splittrigen Kern
zeigen. Seine tiefsten Partien sind etwas glaukonitisch, wie
zum Beispiel entlang der Bahn zwischen Altenbeken und Buke
hier und da zu beobachten ist.

Die Mächtigkeit des Flammenmergel beträgt bei Altenbeken 10—15 Meter, nimmt aber nach S. schnell ab, und von
Schwaney an ist dieser Horizont überhaupt nicht mehr vertreten. Fossilien sind in ihm recht selten; noch am häufigsten
fand sich *Pecten Darius* D'ORB., viel seltener *Schlönbachia inflata*
Sow. und ganz vereinzelt *Plicatula radiola* LAM.

Über dem eigentlichen Flammenmergel folgt bei Altenbeken
ein 6 Meter mächtiger glaukonitischer Sandstein, welcher
violette Flecken bekommt, sobald die Zersetzung des Glaukonits
eingetreten ist. Bei weiterer Zersetzung bildet sich ein stark
brauneisenschüssiger Sandstein, der im Fortstreichen der
Schichten hier und da auf den Feldern zu finden ist. An-
stehend findet sich das frische Gestein in der Bahnböschung
gegenüber Bahnhof Altenbeken und bei der alten Ziegelei am
rechten Ufer des Sagetales, 2 Kilometer nördlich Altenbeken.
Weiter nach N. scheint der glaukonitische Sandstein zu fehlen,
nach S. hat er sich bis wenig nördlich Buke verfolgen lassen;
schon im Dorfe Buke transgrediert aber das Cenoman über
dem hellgefärbten tieferen Flammenmergel.

Den Abschluß des Gault bilden im Altenbekener Profile
geringmächtige, dunkle Tone mit *Hoplites splendens* Sow. und
Aucella gryphaeoides Sow.

3. Cenoman.

Besteht, wie wir sahen, die Egge selbst vorwiegend aus
den sandigen Schichten der Unteren Kreide, so setzen das
westlich an sie anschließende Plateaugebiet bis nach Paderborn

hin die kalkigen, zum Teil auch mehr mergeligen Schichten
der Plänerformation, des Cenoman und Turon, zusammen.

Das Cenoman ist in der geologischen Übersichtskarte,
Taf. II, gegliedert in

　　　　　　　Cenomanmergel,
　　　　　　　Cenomanpläner,
　　　　　　　Oberste Cenomankalke.

Dabei entsprechen die Cenomanmergel, soweit das eben
mit Sicherheit bei ihrer Fossilarmut zu sagen ist, etwa dem
Unteren Grünsande des westlichen Westfalens, dem sogen. Grünsand von Essen oder der Tourtia, und dem Grünsande an der
Basis der Plänerformation des subhercynischen Hügellandes;
als Cenomanpläner sind die im Paderborner Plänergebiete weder
petrographisch noch paläontologisch scharf zu trennenden Stufen
der *Schlönbachia varians* Sow. und des *Acanthoceras Rhotomagense*
Defr. zusammengefaßt; die „Obersten Cenomankalke" entsprechen
etwa dem, was Strombeck im subhercynischen Hügellande als
„Arme Rhotomagensis-Schichten" bezeichnet hat.

Die Cenomanmergel sind grau und gelblich gefärbt,
bröckelig und enthalten Lagen fester, grauer, innen mehr blauer
Kalkknollen. Am schönsten sind sie am Sommerberge bei
Altenbeken über dem Bahnkörper aufgeschlossen, von wo sie
schon Schlüter[1]) beschreibt. Dort ist sehr deutlich zu erkennen, wie der Abstand der Knollenlagen nach oben allmählich
abnimmt und sich so ein Übergang zum Plänerkalke ausbildet.
Von Fossilien erwähnt Schlüter (l. c.) aus ihnen ein nicht
bestimmbares Bruchstück einer *Scyphia*, *Inoceramus striatus*
Mant. und *Schlönbachia varians* Sow.; diesen habe ich nur noch
Terebratulina rigida Sow. und *Aucella gryphaeoides* Sow. hinzuzu-
fügen.

Die Mächtigkeit des Cenomanmergel ist bei Altenbeken
etwa 50 Meter und verringert sich allmählich nach S.; so mag
sie bei Lichtenau und Holtheim etwa 30, bei Blankenrode und
Osdorf nur noch 20 Meter betragen.

Die mürben Mergel leisten den Atmosphärilien naturgemäß

---

[1]) l. c. S. 56.

nur geringen Widerstand und rufen dadurch im Terrain eine
flache Einsenkung mit anschließendem Steilhange hervor, der
nach oben durch die festen Cenomanpläner abgeschlossen wird.
So stecken sie z. B. im Osthange des Sommerberges und
Winterberges bei Altenbeken, des Limberges bei Buke, des
Emder Waldes zwischen Schwaney und Herbram, der Buch-
lieth und des Karlsberges zwischen Herbram und Asseln u.s.w.
Wie überhaupt die orographische Gliederung des zunächst an
die Egge anschließenden Plänergebietes ganz vorwiegend durch
das Auftreten des Cenomanmergels bedingt wird, zeigt sich recht
deutlich z. B. an den Hängen des Odenheimer Tales zwischen
Torfbruch und Lichtenau, wo Verwerfungen mehrfach die
Grenze zwischen Mergel und Plänerkalk verschieben, und wo
mit jeder dieser Verwerfungen ein Vorrücken oder Zurücktreten
des Plateaurandes zusammenhängt.

Von hier an nach S. ist der Cenomanmergel nicht mehr,
wie weiter nördlich, auf ein einziges Band beschränkt, sondern
von O. nach W. mehrfach wiederholt, größtenteils im Zusammenhange mit tektonischen Störungen. Westlich Blankenrode rückt
das Cenoman, das weiter nördlich den ersten Parallelzug zu
der aus Unterer Kreide bestehenden Egge bildet, mit dem Verschwinden der Unteren Kreide an den Südostrand der westfälischen Kreidemulde heran, und so bilden den Kamm der
südlichsten Egge die Cenomanpläner, ihren östlichen Steilhang
die Cenomanmergel und die darunter liegenden Triasschichten.

Über dem Cenomanmergel liegt der Cenomanpläner als
fester, in frischem Zustande vorwiegend blauer, angewittert
mehr gelblich gefärbter, dickbankiger Kalk, der im östlichen
Teile des Plänergebietes infolge seiner außerordentlich flachen
Lagerung große Flächen bedeckt. Seine Mächtigkeit mag —
ohne die Armen Rhotomagensis-Schichten — etwa 30—40 Meter
betragen.

Schon Schlüter[1]) hat 1866 gezeigt, daß eine Gliederung
in Varians- und Rhotomagensis-Schichten im Plänergebiete westlich der Egge nicht scharf durchführbar ist, sondern

[1]) l. c. S. 61.

daß einerseits *Acanthoceras Rhotomagense* DEFR. sich hier schon,
wenn auch selten, in den tieferen Partien des Cenomanpläner
findet, und andererseits im höheren Cenomanpläner mit dem dort
sehr häufigen *A. Rhotomagense* Formen wie z. B. *Acanthoceras Mantelli*
SOW. und *Pecten Beaveri* SOW. vergesellschaftet sind, die man früher
als bezeichnend für Varianspläner gehalten hatte. SCHLÜTER's
Untersuchungen lagen namentlich die schönen Aufschlüsse bei
Altenbeken und Lichtenau zu Grunde; doch auch im ganzen
übrigen Paderborner Cenomangebiete hat es sich bestätigt,
„daß die Verschiedenheit der Rhotomagensis- und Varianspläner
wesentlich nicht auf der Verschiedenheit der Spezies, sondern
auf der größeren und geringeren Individuenzahl einzelner
Arten beruht". Auch petrographisch sind Varians- und Rhotomagensis-Schichten recht gleichmäßig entwickelt, und so hat
von einer Trennung der beiden bei der geologischen Aufnahme
Abstand genommen werden müssen.

Die häufigeren Formen des Cenomanpläner sind: *Schloen-
bachia varians* SOW., *Acanthoceras Rhotomagense* DEFR., *Acanthoceras Mantelli* SOW., *Turrilites tuberculatus* BOSC., *Turrilites
Schenchzerianus* BOSC., *Nautilus elegans* SOW., *Inoceramus orbicularis*
MSTR., *Inoceramus striatus* MANT. GDF., *Pecten Beaveri* SOW., *Terebratula biplicata* BROCH., *Rhynchonella Mantelliana* SOW., *Holaster
subglobosus* LESKE, *Discoidea cylindrica* AG.

Mit der Hydrologie des Cenomangebietes in engem Zusammenhange stehen eigenartige Verwitterungsprodukte des
blauen Pläners, die im Paderborner Lande allgemein als
„Hottenstein" bezeichnet werden. Es sind dieses spezifisch
sehr leichte, graue und gelbliche, tonige Gesteine, die durch
Fortführung des Kalkes aus dem Pläner hervorgehen, wobei seine
ursprünglichen Strukturverhältnisse ziemlich gewahrt bleiben.

Finden sich solche Entkalkungen auch ganz lokal in höheren
Horizonten, so z. B. im Brougniartipläner[1] südlich Grundsteinheim und im Cuvieripläner östlich Dörenhagen, so sind sie
doch in größerem Maßstabe nur im tieferen Cenomanpläner
zu beobachten. So ist der Cenomanpläner gleich westlich der

---

[1] Weit verbreitet habe ich sie im Brougniartipläner südlich und südöstlich von Soest beobachtet.

Grenze gegen die Cenomanmergel — wenigstens südlich von
Altenbeken — eigentlich ständig bis einige Meter unter Tage
entkalkt, und erst näher der Grenze gegen die Armen Rhoto-
magensis-Schichten sind oberflächlich noch nicht entkalkte
Partien vorhanden. Im allgemeinen schwankt die Breite der
Entkalkungszone mit der Breite des Ausstreichens der tieferen
Cenomanpläner, und so ist sie da recht schmal, wo fast der ganze
Untere Cenomanpläner im Steilhange steckt, wie z. B. bei
Herbram, sehr breit aber dort, wo der Cenomanpläner weithin
als dünne Decke über dem Mergel liegt, wie z. B. östlich
und südöstlich Dahlheim, bei Blankenrode u. s. w. Hier
sind namentlich die großen, zusammenhängenden Pläner-
platten am weitgehendsten entkalkt, die kleineren zum Teil
durch Verwerfungen abgeschnittenen Schollen entlang der
Altenau nördlich von Blankenrode dagegen gar nicht oder nur
in geringem Maße. Daß nun diese Entkalkung auf den
tiefsten Pläner beschränkt ist, liegt weniger an einer petro-
graphischen Besonderheit desselben, welche die Auflösung des
Kalkes besonders begünstigt, sondern ist vielmehr eine Folge der
Lagerung über den cenomanen Mergeln, die wenigstens zeitweilig
einen höheren Grundwasserstand in diesen Teilen und ein längeres Verweilen des atmosphärischen Wassers über und dicht
unter Tage herbeiführt, während im übrigen Plänergebiete alles
Wasser schnell in der Tiefe verschwindet. Daß in den kleineren, von Verwerfungen abgeschnittenen und gewiß auch
von Parallelspalten zu diesen durchsetzten Schollen die Entkalkung im allgemeinen eine geringere oder gar nicht vorhanden
ist, erklärt sich wohl dadurch, daß hier die Spalten einen
erleichterten und schnellen Abfluß des Wassers bewirken.

　　Über dem blauen Cenomanpläner liegt eine ca. 20 Meter
mächtige Stufe fester, weißer bis bläulichweißer, dichter,
muschelig brechender, reiner Kalke. Von den tieferen Plänern
unterscheiden sie sich leicht zunächst durch die Farbe, sodann
durch die sehr charakteristische Glätte ihrer Bruchflächen
und endlich durch eine vielfach zu beobachtende klein-
stylolithische Absonderung nach Schicht- und Kluftflächen.
Mächtigere Bänke, wie der blaue Pläner, zeigen sie eigentlich

2*

nirgends; vielmehr ist das ganze Gestein im allgemeinen durch
zahlreiche Klüfte in lauter scharfkantige Bruchstücke aufgelöst.

Stratigraphisch entsprechen diese obersten Cenomankalke, wie
schon gesagt, etwa den „Armen Rhotomagensis-Schichten"
Strombeck's im subhercynischen Hügellande. Gleich diesen sind
sie ausserordentlich arm an Fossilien; am häufigsten zeigen sich
noch hier und da schlecht erhaltene Vertreter der Gattungen
Inoceramus und *Holaster*, ferner Zähne von *Ptychodus*, die auch
schon Schlüter[1]) erwähnt; *Schlönbachia varians* Sow. habe ich
in diesem obersten Cenoman bei Iggenhausen gefunden. Da die
Armen Rhotomagensis-Schichten einen ausserordentlich reinen,
sich vorzüglich brennenden Kalk enthalten, so sind sie vielfach
in Kalkbrüchen aufgeschlossen, so bei Altenbeken, Schwaney,
Grundsteinheim, Lichtenau, Dahlheim, Atteln u. s. w.

Gegen die Verwitterung sind sie etwas widerstandsfähiger,
als die im übrigen auch recht festen blauen Cenomanpläner,
und heben sich deshalb im Terrain mit einer kleinen Stufe
von ihrer Unterlage ab; weniger deutlich ist diese Stufe dort,
wo auf der Höhe des Plänerplateaus die Oberen Cenomankalke als zunächst noch ganz dünne Schicht den blauen
Pläner bedecken; recht scharf tritt sie dagegen an den
Hängen der tief in das Plateau eingeschnittenen Täler hervor,
wo die obersten Cenomankalke in grösserer Mächtigkeit über
dem blauen Pläner liegen, so zum Beispiel entlang der Beke,
der Durbeke und in den „Sieben Gründen" westlich Altenbeken, am Osthange des Ellertales südwestlich Schwaney, an
der Sauer zwischen Lichtenau und Grundsteinheim, an der
Altenau südöstlich Husen u. s. w.

Die Obersten Cenomankalke sind im Fortstreichen vielfach durch kleine, auf Querbrüche zurückzuführende Dellen
unterbrochen, so daß dort, wo diese Terrainverhältnisse recht
typisch entwickelt sind, ein Kopf sich im Fortstreichen an
den anderen reiht. Recht schön ist dieses zum Beispiel südwestlich von Altenbeken, westlich Schwaney, zwischen Iggenhausen und Grundsteinheim, südlich Grundsteinheim, bei

---

[1]) l. c. S. 59.

Husen u. s. w. zu erkennen. Diese Querbrüche sind aber im allgemeinen an der etwa 25 Meter über dem Cenoman liegenden Unterkante des Brongniartipläner nicht mehr nachweisbar, finden also wohl in den zwischenliegenden Mergeln des Mytiloideshorizontes ihre Auslösung. Analoge Terrainentwickelung läßt sich auch sonst am Eggegebirge, wo feste Schichten von mächtigeren mürben überlagert werden, beobachten, so am Südhange des Bentenberges bei Kleinenberg, wo die Bausandsteinzone im Liegenden des selbst wieder vom Neocomsandstein bedeckten Röth lauter einzelne Köpfe bildet, und an der südlichsten Egge bei Ösdorf und dem Vorwerk Felsberg, wo das gleiche mit dem Unteren Buntsandstein im Liegenden der Cenomanmergel der Fall ist.

4. Turon.

Im Hangenden der Armen Rhotomagensis-Schichten beginnt das Turon mit der 3—5 Meter mächtigen Zone der Rotpläner, die ja auch in der Hannoverschen Kreide überall die jüngere Abteilung der Plänerformation einleiten. Sie sind an der Egge im allgemeinen recht mergelig und unterbrochen von weißlichen und gelblichen Zwischenlagen. Innerhalb des von der Übersichtskarte umfaßten Gebietes haben sich Fossilien in ihnen nicht nachweisen lassen, wohl aber hat sich weiter nördlich, so am Ebersberge zwischen Feldrom und Kohlstädt und an der „Großen Egge" westlich der Externsteine *Inoceramus mytiloides* MANT. in ihnen gefunden. Im Gebiete der Übersichtskarte westlich der Domäne Dahlheim verschwindet der Rotpläner; ob hier überhaupt die Südwestgrenze seiner Verbreitung liegt, wird sich bei der Kartierung des südwestlich anschließenden Sintfeldes ergeben; gelegentlich einzelner Exkursionen habe ich ihn jedenfalls weiter westlich nicht mehr beobachtet.

Im Gegensatz zum Rotpläner sind die ihn überlagernden Mytiloidesmergel recht reich an Fossilien, weniger allerdings in Bezug auf Anzahl der Arten als der Individuen. Das Leitfossil, der *Inoceramus mytiloides* MANT., ist überall sehr häufig; daneben finden sich nicht selten zwei kleine Brachiopoden, *Rhynchonella Cuvieri* d'ORB. und *Terebratula semiglobosa* SOW., seltener *Terebratulina gracilis* SCHLOTH. Dazu kommen noch die schon von SCHLÜTER[1]) erwähnten kleinen Discoideen, die durchweg gut erhalten sind, und eine *Serpula* sp. Das einzige, was ich von Ammonitiden angetroffen habe, ist ein ziemlich verdrücktes Windungsstück aus dem Straßeneinschnitte bei der Aumberger Linde, 1½ km südlich Lichtenau, das, soweit sich bei der schlechten Erhaltung überhaupt mit Sicherheit entscheiden läßt, zu *Mamites Michelobensis* LAUBE u. BRUDER, vielleicht aber auch zu *Mamites nodosoides* SCHLOTH. gehört.

Das Gestein der Mytiloideszone ist ein mürber, grauer bis gelblicher, sehr zerklüfteter Mergel. Da dieser bei der Verwitterung leicht zerfällt, bewirkt er im Terrain eine deutliche Stufe, wodurch er im Fortstreichen leicht zu verfolgen ist.

Seine Mächtigkeit beträgt 20—25 Meter.

Die Zone des *Inoceramus Brongniarti* MANT. enthält im Hangenden des Mytiloidesmergels gelbliche, graue und bläuliche Plänerkalke von mittlerer Festigkeit, hier und da, so namentlich in der Gegend von Henglarn, auch stärker mergelige Schichten. Im allgemeinen ist der Brongniartipläner dünnbankig; in seinen höheren Horizonten liegen allerdings auch dickbankigere und festere, in frischem Zustande dann meist bläulich oder bläulich-weiß gefärbte Pläner, die in steilen Hängen häufig als Klippen hervortreten, wie z. B. über der Chaussee Henglarn-Etteln gleich nordwestlich Henglarn und vielfach in der Gegend westlich Altenbeken.

Das häufigste Fossil ist der *Inoceramus Brongniarti* MANT., nach dem die Zone benannt wird. Seltener zeigen sich Ammoniten; so fand sich *Acanthoceras Woolgari* MANT. am Keimberge bei Altenbeken, ferner im unteren Brongniartipläner nördlich von Atteln und im obersten am „Borne" bei Etteln, an letzterer Lokalität in Begleitung von *Pachydiscus Lewesiensis* MANT., der mir außerdem noch aus dem untersten Brongniartipläner von Husen bekannt geworden ist.

[1]) l. c. S. 62—64.

Die Mächtigkeit des Brongniartipläner beträgt etwa 80 bis 90 Meter.

Die Terrainentwickelung im Unteren Turon liegt begründet in dem Wechsel einer mergeligen, von der Verwitterung leicht angegriffenen Ablagerung mit dem festeren und verwitterungsbeständigen Plänerkalke, und wir finden im allgemeinen die auf einer ähnlichen Wechsellagerung beruhenden orographischen Verhältnisse des Cenomangebietes wieder: einen nach der Egge gerichteten Steilhang, an den sich das Brongniartiplänerplateau nach W. anschließt. So besteht also das Plänergebiet, gleich östlich der Egge, soweit regelmäßige Verhältnisse vorliegen, orographisch aus zwei großen Stufen, wie das z. B. in schönster Weise südwestlich Altenbeken zu erkennen ist, wo das Turonplateau des östlichen Keimberg als eine höhere Stufe auf das Cenomanplateau aufgesetzt ist, das selbst wieder steil nach O., nach der Egge zu, abfällt.

Wo der Brongniartipläner, allseitig oder fast allseitig vom Mytiloidesmergel umsäumt, plateaubildend auftritt, nimmt er ausgedehnte Partien der Oberfläche ein, so z. B. am obenerwähnten Keimberge, ferner zwischen Lichtenau, Grundsteinheim, Ebbinghausen und Husen. Bei der außerordentlich flachen Lagerung des Pläners innerhalb der Paderborner Hochfläche treten die Brongniartischichten auch weiter westlich in dem weiten Gebiete des jüngeren Turon südlich von Paderborn in der Tiefe und an den Hängen der in das Plateau eingeschnittenen Täler wieder zu Tage.

Über dem Brongniartipläner findet sich eine Schichtfolge, die sich sowohl petrographisch, als namentlich auch paläontologisch scharf von ihm abgrenzt. SCHLÜTER hat sie zuerst von Neuenbeken beschrieben als Schichten mit *Micraster Leskei* DESM.[1]). Sie bestehen aus einem sehr festen, vorwiegend blauen oder

---

[1]) Wohl richtiger als *Micraster breviporus* AG. zu bezeichnen, nachdem HÉBERT in den Comptes rendus vom 25. Juni 1866 nachgewiesen hat, daß die bei uns vielfach als *M. Leskei* bezeichnete Form nicht mit dem ursprünglichen Originale, wohl aber mit *M. breviporus* AG. und dem *M. Leskei* bei D'ORBIGNY, Paléontologie française, übereinstimmt.

blaugrauen Pläner, dessen dicke Bänke gewöhnlich mit wulstigen
Oberflächen aneinander grenzen; sehr charakteristisch ist ein
dunkelgrauer bis schwärzlicher Anflug auf den Schicht- und
Kluftflächen. Die Mächtigkeit dieses Horizontes beträgt etwa
15—20 Meter. Vielfach ist er in Steinbrüchen aufgeschlossen,
so am „Knochen" in Neuenbeken, bei Dahl, in Kirchborchen
u. s. w. Auf den Feldern ist er namentlich im nördlichen Teile
der Übersichtskarte vom Cuvieripläner dadurch leicht zu unterscheiden, daß er in mehr flasrige Bruchstücke zerfällt, während
der Cuvieripläner solche mit mehr geradflächiger Begrenzung
liefert. Hier und da ist der Kalk etwas glaukonitisch, so
namentlich im südwestlichen Teile der Übersichtskarte, in der
Gegend von Atteln und südwestlich Etteln.

Wegen ihrer großen Festigkeit heben sich diese Scaphitenpläner im Terrain im allgemeinen mit einer Stufe vom
Brongniartipläner ab, an den Steilhängen der Täler bilden ihre
tiefsten Schichten vielfach deutlich zu verfolgende Klippenzüge,
so z. B. entlang der Altenau und ihrer Nebentäler bei Etteln
und Borchen, an der Eller zwischen Borchen und Hamborn,
am nördlichen Hange der Beke u. s. w.

Schlüter[1]) führt aus diesen Schichten neben unbestimm-
baren Resten nur *Micraster „Leskei"* Desm., *Terebratula semigloboza*
Sow. und *Spondylus spinosus* Sow. an und identifiziert sie nach
diesen, sowie namentlich nach ihrer Lagerung zwischen
Brongniartipläner und den Schichten des *Epiaster brevis* Des., mit
dem turonen Grünsande im südwestlichen Teile des westfälischen Kreidebeckens und den Scaphitenschichten im Vor-
lande des Harzes und am nördlichen Teutoburgerwalde bei
Örlinghausen.

Während der letzten beiden Jahre habe ich in diesen
Schichten eine verhältnismäßig reiche Fauna nachweisen
können, so namentlich eine große Zahl derjenigen Formen, die
im subhercynischen Hügellande die Scaphitenschichten charak-
terisieren, und von denen bisher so gut wie nichts aus dem
Paderborner Plänergebiete bekannt war. Aus dem frischen

---

[1]) l. c. S. 67.

Materiale der Steinbrüche ist allerdings nur wenig zu erhalten; dagegen wird man in den stark verwitterten und beim Anschlagen mit dem Hammer leicht zerfallenden Lesesteinen der Felder nicht lange vergeblich nach Versteinerungen suchen. Zu nennen ist zunächst als nicht seltenes Fossil der *Scaphites Geinitzi* D'Orb., neben ihm von Cephalopoden *Heteroceras Reussianum* D'Orb., *Helicoceras flexuosum* Schl., *Heteroceras* cf. *Conradi* Mant., *Baculites baculoides* Mant.; auch *Pachydiscus peramplus* Mant. fand sich in einer ganzen Zahl durchweg aber kleiner Exemplare. Von Inoceramen, von denen sich, wie Schlüter erwähnt, in den Steinbrüchen nur unbestimmbare Reste finden, hat sich in den Lesesteinen eine ganze Anzahl nachweisen lassen, die gleichfalls aus dem hannoverschen Scaphitenpläner schon bekannt sind; so ist der *Inoceramus undulatus* Mant. recht häufig, etwas seltener sind *Inoceramus latus* Sow. und *Inoceramus cuneiformis* D'Orb.; nur ein einziges Mal fand sich *Inoceramus inaequivalvis* Schl., den Schlüter aus dem Scaphitenpläner von Örlinghausen beschreibt[1]); im tiefsten Scaphitenpläner kommt noch *Inoceramus Brongniarti* Gdf. vor, und im höheren Niveau findet sich schon das Leitfossil der folgenden Stufe, der *Inoceramus Cuvieri* Gdf. Von anderen Pelecypoden ist namentlich *Spondylus spinosus* Sow. anzuführen, der sich hier allerdings nicht annähernd in derselben Häufigkeit wie weiter westlich in der Grünsandfacies der Scaphitenschichten findet.

Das häufigste Fossil der ganzen Stufe ist der *Micraster cor testudinarium* Gdf.; neben ihm finden sich von Echiniden *Micraster breviporus* Ag., *Ananchytes ovatus* Lam., *Cidaris sceptrifera* Mant. und selten *Holaster planus* Ag. Dazu kommen von Brachiopoden *Terebratula semiglobosa* Sow. in den für Scaphitenschichten so charakteristischen großen, bauchigen Exemplaren, *Rhynchonella Cuvieri* D'Orb. und andere. Auch eine Reihe von Spongien sind vorhanden.

Die Hauptmasse der höheren Turonpläner gehört in die Zone des *Inoceramus Cuvieri* Gdf. Petrographisch ist diese charakterisiert durch gelbliche, weißliche und graue Pläner-

[1]) Palaeontographica, Bd. 24, S. 295.

kalke von mittlerer Festigkeit, die vielfach in ausgezeichneter
Weise nach senkrechten Flächen zerklüftet sind; gerade hierdurch ist der Cuvieripläner — namentlich im nördlichen Teile
unseres Gebietes — von den Scaphitenschichten leicht zu
unterscheiden. Manche Partien sind allerdings recht fest und
dickbankig, dann gewöhnlich auch mehr blau und blauweiß
gefärbt, und erinnern sehr an die Pläner des Scaphiten-
horizontes; solche werden z. B. nördlich von Benhausen und
östlich Lippspringe gebrochen. Andere feste und dabei recht
glattflächige Lagen des höheren Cuvieripläner werden in der
näheren Umgebung von Paderborn als Bausteine gewonnen.
Hier und da finden sich auch mächtigere stark mergelige und
mürbe Zwischenlagen, so z. B. nordwestlich von Benhausen neben
der Bahn.

Das häufigste Fossil des Horizontes ist der *Inoceramus
Cuvieri* Gdf., daneben sind *Micraster cor testudinarium* Gdf. und
Ananchytes ovatus Lam. überall zu beobachten. Seltener fand
sich, so namentlich bei Benhausen, *Infulaster excentricus* Forb.
Eine Reihe von Cephalopoden, wie *Pachydiscus peramplus* Mant.,
Mortoniceras subtricarinatum d'Orb. und *Scaphites Geinitzi* d'Orb.
nennt schon Schlüter[1].

Der Cuvieripläner hat, wie die Übersichtskarte zeigt, in
unserem Gebiete eine große Verbreitung, so namentlich in der
näheren Umgebung von Paderborn, wo er den Untergrund des
ganzen Bockfeldes einnimmt. Diese große Oberflächenverbreitung
ist zunächst begründet in seiner außerordentlichen Mächtigkeit,
über die leider keine genaueren Angaben zu machen sind, und
in der sehr flachen Lagerung, infolge deren er vielfach mit der
sanft zur Paderborner Ebene geneigten Tagesoberfläche einfällt.

5. Senon.

Als jüngstes Glied der Kreide ist an einer Reihe von
Stellen unter dem Diluvium in der näheren Umgebung der
Stadt Paderborn ein grauer, toniger Mergel aufgeschlossen,
dessen Zugehörigkeit zum Senon schon Schlüter[2] durch Auf-

[1] l. c. S. 71—73.
[2] l. c. S. 74.

findung des *Actinocamas "quadratus"* BLAINV. nachwies. Im
„Riemeker Felde" westlich von Paderborn wird er in einer
Reihe von Ziegeleigruben abgebaut, und zwischen Paderborn
und Lippspringe findet er sich in einem kleinen Wasserrisse
in der Nähe des Gehöftes Seskerbruch und im Bette der Beke
östlich Klechof.

6. Diluvium.

Innerhalb des Plänergebietes sind ausgedehntere Diluvial-
bildungen nicht vorhanden; nur hier und da, so in der
Gegend von Kleinenberg und Lichtenau, ferner bei Atteln,
Etteln, Nordborchen und Schwaney, liegen in etwas höherem
Niveau über den jüngsten Talausfüllungen kleine Partien
älterer Lehme und Schotter. Ob diese nun „diluvial" oder
„alluvial" sind, lasse ich dahingestellt; in der Darstellung auf
der Übersichtskarte bin ich der allgemeinen Gewohnheit gefolgt,
die über dem Niveau der jüngsten Alluvionen liegenden fluvia-
tilen Absätze als „diluvial" zu bezeichnen.

In größter Ausdehnung findet sich dagegen einheimisches
Diluvium am Nordrande der Paderborner Hochfläche, im
Übergangsgebiete zur Senne. Diluviale Lehme liegen hier
namentlich westlich und südwestlich der Stadt Paderborn und
überdecken die senonen Mergel im Riemeker Felde, und
das westliche Hinterland des Plänergebietes nordöstlich von
Paderborn bis hinaus über Lippspringe ist überdeckt von
mächtigen Schotterlagern. Sowohl die Beschaffenheit des
Schottermateriales als auch die Lagerungsverhältnisse weisen
auf den Ursprung im Plänergebiete und an der Egge hin, und
daß die ausgedehnten Schotterpartien am Rande des Plänergebietes die ehemaligen Ausfüllungen der tief in das Kreide-
gebiet eingeschnittenen Talsysteme enthalten, ergiebt sich
namentlich aus der Verteilung der verschiedenen Kreide-
gesteine in ihnen. Nur eines der für den Ursprung des Schotters
zwischen Paderborn und Lippspringe in Frage kommenden
Täler, das der Beke, reicht zurück bis an die Egge, also bis
in das Gebiet der Unteren Kreide, während das Steinbeketal,
das Golketal und der „Krumme Grund" im Plänergebiete aus-

laufen. So muß auch der Schotter, soweit er Gaultsandstein-
und Flammenmergelgerölle enthält, seinen Weg durch das Beketal
genommen haben. Dieser Bekeschotter — Gaultsandstein-
und Plänergerölle gemischt — bedeckt nun sehr ausgedehnte
Flächen. Nach N. reicht er etwa bis Lippspringe, nach S.
bis hinaus über das Gehöft Dören; auch nach W. dringt er weit
vor; so erwähnt schon SCHLÜTER[1]) von Altenbeken stammende
Gerölle aus der Sennerheide.

Das Mengenverhältnis von Pläner- und Gaultgeröllen im
Bekeschotter ist recht verschieden; so walten in einigen Partien, z. B. wenig östlich von Marienloh die Gaultbrocken, in
anderen, so in der Umgebung von Dören, die Plänerbrocken
ganz besonders vor. Die aus den übrigen genannten, nicht
bis in das Gebiet der Unteren Kreide zurückreichenden Tälern
stammenden Schotterlager enthalten naturgemäß nur Plänergerölle, wie z. B. in der Kiesgrube 2 Kilometer nordwestlich
Paderborn an der Straße nach Benhausen zu beobachten ist.

Wie nun die Vertiefung der Täler, aus denen der Schotter
stammt, im Laufe langer geologischer Zeiträume erfolgt ist,
so ist auch dieser recht verschiedenen Alters. In unseren
geologischen Karten pflegen wir ja die Schotterpartien, soweit
sie nicht die jüngsten Ausfüllungen der Talböden sind, als
diluvial zu bezeichnen, und dem bin ich auch in der
Übersichtskarte in Bezug auf die Schotter im Randgebiete
der Plänerhochfläche gegen die Paderborner Senne gefolgt;
dabei bin ich mir aber auch wohl bewußt, daß manche dieser
Schotterpartien gewiß nicht älter sind als die Ausfüllungen
der Talsohlen, in die sie ganz unmerklich nach O. übergehen
und die nach der allgemeinen Gepflogenheit als „alluvial"
bezeichnet worden sind. Wir werden noch sehen, daß z. B.
die Beke unterhalb Neuenbeken nur den kleinsten Teil des Jahres
Wasser führt, und das ist auch der Grund, daß weiter westlich
nach Marienloh zu in die „diluvialen" Schotter nicht mehr
ein tieferer „alluvialer" Talboden eingeschnitten werden könnte.
Östlich Kleehof ist zu beobachten, daß in der unmittelbaren

[1]) SCHLÜTER, Geognostische Aphorismen aus Westfalen. Verhandl.
des Naturhist. Ver. für Rheinl. u. Westf. 1860, 17. Jahrg., S. 36, Anmerk.

Nachbarschaft der Beke die Plänergerölle gegenüber den Sandsteingeröllen vorwiegen, während etwas weiter nördlich und südlich, so z. B. schon an der Straße von Klechof nach Neuenbeken, das Umgekehrte der Fall ist. Hier scheint es sich um eine jüngere dünne Überschotterung der älteren Kieslager in der Nachbarschaft des Baches zu handeln, wie sie in Fällen, wo die Beke einmal ausnahmsweise hohes Wasser führt, auch heute noch eintreten kann.

In der Gegend von Neuenbeken liegen etwa 30—40 Meter über der heutigen Sohle des Beketales ältere Schotterpartien, die gleichfalls Gaultsandsteingerölle neben Plänergeröllen enthalten; gut aufgeschlossen sind sie z. B. entlang der Bahn nördlich Benhausen und in Wegeeinschnitten beim Redingerhof. In ihrer Nachbarschaft finden sich noch weithin vereinzelte Gaultsandsteingerölle auf dem Plateau als letzte Reste der hier durch die Erosion wieder abgetragenen Schotterlager.

Als Vertreter des nordischen Diluviums finden sich im nordwestlichen Teil der Übersichtskarte bis weit hinauf auf das Plänerplateau hier und da noch vereinzelte Geschiebe von Granit, Gneis, Quarzit u. s. w.

7. Alluvium.

Das Alluvium ist vertreten durch die jüngsten Lehme und Schotter in den Talsohlen der Bachläufe, ferner an einzelnen Stellen des Sandsteingebietes der Unteren Kreide durch moorige und torfige Bildungen und durch kleine Schuttkegel an der Mündung kleiner Nebentäler in die Haupttäler.

Der teils diluviale, teils alluviale Abhangsschutt des Neocomsandsteins ist auf der Übersichtskarte nicht zur Darstellung gekommen.

III. Tektonik des Kreidegebietes zwischen Paderborn und der Egge.

Das in der geologischen Übersichtskarte dargestellte Gebiet umfaßt den südöstlichsten Teil der großen westfälischen Kreidemulde.

Dementsprechend geht das Streichen der Kreideschichten an der Egge im allgemeinen nord-südlich, etwa in h. 11 bis 12, im südlichsten Teile aber mehr südwestlich. Am deutlichsten spricht sich diese Änderung im Streichen im Verlaufe des Eggekammes aus, der etwa bei Borlinghausen die bis dahin innegehabte N.-S.-Richtung verläßt und eine mehr südwestliche nimmt.

Die Lagerung der Kreideschichten ist ausserordentlich regelmässig; das gibt sich schon im Relief der Kreidelandschaft an dem ungestörten Verlaufe der von den festeren Schichtgliedern gebildeten Terrainkanten zu erkennen, so z. B. derjenigen über den Mergeln des unteren Cenoman und untersten Turon; und wie regelmäßig der Aufbau des ganzen Plänergebietes südlich von Paderborn ist, ergibt sich auf's deutlichste bei der Verfolgung der von den untersten Scaphitenschichten gebildeten Klippenzüge an den Hängen der tief in das Plateau eingeschnittenen Talsysteme.

Modifiziert werden die im allgemeinen so regelmäßigen Lagerungsverhältnisse aber durch eine Reihe tektonischer Störungen. Zwar ist die Zahl der in der Kreide nachweisbaren und namentlich auch deren Sprunghöhe nicht annähernd so beträchtlich wie in der östlich anschließenden TrIaslandschaft, und das hängt zum Teil damit zusammen, daß

die Trias schon verworfen war, ehe die Kreide über ihr
zur Ablagerung kam, namentlich aber damit, daß die Haupt-
störungszonen östlich des heutigen Kreiderandes aufsetzen
und somit die ihnen näherliegenden Schichten in ganz anderer
Weise beeinflussen mußten, als das etwas abseits liegende
Gebiet der heutigen Kreidemulde; so sind die in der Kreide
selbst nachweisbaren Sprünge gewissermaßen nur die schwachen
seitlichen Abklänge der gewaltigeren tektonischen Verschiebungen weiter östlich.

Am stärksten gestört ist der südöstlichste Teil des Kreidegebietes, wo sich ein ganzes System nord-südlich bis südost-
nordwestlich gerichteter Brüche hat nachweisen lassen.

Bezeichnend für sie alle ist ihr weites Aushalten, wenn
auch hier und da etwas unter Änderung der Richtung, ohne
daß sie an Querverwerfungen absetzten, und die Verringerung
ihrer Sprunghöhe nach N. bezw. NW., infolge deren sie im Gebiete
der höheren Turonschichten zumeist nicht mehr nachweisbar
sind. So legt z. B. eine nord-südlich gerichtete Verwerfung
im südlichsten Teile der Übersichtskarte südöstlich des Vor-
werkes Felsberg Zechstein neben ziemlich hohe Schichten des
Mittleren Buntsandstein, so daß also der ganze Untere und
ein großer Teil des Mittleren Buntsandsteins hier fehlen. Etwa
2 Kilometer weiter nördlich verwirft sie in den „Bleikuhlen“
das Liegende der Kreide, Mittleren Buntsandstein, gegen die
tiefsten Cenomanpläner; es fehlen also die Cenomanmergel, und
so beträgt die Sprunghöhe der Verwerfung hier nur noch etwa
30 Meter. Unter weiterer Verringerung derselben setzt der Bruch
nach N. zwischen Cenomanmergel und Cenomanpläner fort und
verwirft am südlichen Boddenberg Mittleren Buntsandstein und
Neocomsandstein gegen Cenomanmergel; in seiner nördlichen
Verlängerung liegt am Huserklee im älteren Cenoman ein
Einbruch turoner und jungcenomaner Schichten; gleich nördlich
desselben läßt der im Terrain sich scharf absetzende Mytiloides-
hang in der Verlängerung der Verwerfung auch nicht die
geringste Störung mehr erkennen.

Quer über den Marschallshagen setzt ein nordwestlich
gerichteter Bruch, der Mittleren Buntsandstein, hier das nor-

male Liegende der Kreide, gegen Cenomanmergel verwirft, so
daß also der Neocomsandstein hier fehlt; südwestlich Holtheim, wo sich Mittlerer Buntsandstein, Neocomsandstein und
unterster Cenomanmergel neben höheren Cenomanmergeln
ablösen, verringert sich seine Sprunghöhe rasch; dort wo
beiderseits Cenomanmergel an ihn stoßen, ist er nicht mit
Sicherheit festzulegen, doch scheint er seine Verlängerung
in einem mehr nord-südlich gerichteten Bruche zu finden,
der sich südwestlich und westlich Lichtenau durch Verschiebungen im Grenzgebiete von Cenoman und Turon zu
erkennen gibt.

    Weiter östlich setzen noch eine Reihe anderer, mehr
nord - südlich gerichteter Verwerfungen auf und zerreißen
das ganze Gebiet in einzelne schmale Streifen, die vertikal
gegen einander verschoben sind. Der Betrag dieser Vertikal-
verschiebungen ist aber nirgends ein sonderlich großer, und
namentlich ihr Gesamteffekt ist dadurch, daß eine Verwerfung die Wirkung der anderen gewissermaßen wieder auf-
hebt, ein derartig geringer, daß z. B. die Unterkante des Neocoms bei Borlinghausen noch in annähernd gleicher Meereshöhe
liegt, wie bei Blankenrode. Einzelne dieser Verwerfungen
geben sich, wie schon S. 17 gesagt wurde, in ihrem nördlichen
Fortstreichen an den Hängen des Odenheimer Tales östlich
Lichtenau dadurch im Terrain deutlich zu erkennen, daß an
ihnen der Rand des Cenomanplänerplateaus plötzlich zurück-
setzt. In der Verlängerung eines dieser Brüche findet sich
zwischen Steinbühl und Asseln ein 3 Kilometer langer Grabeneinbruch jüngster Cenomankalke und ältesten Turons, allseitig
umgeben von Cenomanpläner.

    Auch sonst sind mehrfach Gräben mit diesen N.-S.-Brüchen
verknüpft, so bei Kleinenberg, wo eine etwa 4 Kilometer lange
und durchschnittlich 1 Kilometer breite Partie cenomaner
Schichten rings von Unterer Kreide beziehungsweise den
darunter liegenden Triasschichten umschlossen wird. Der
Westrand dieses Grabens zieht sich mitten durch Kleinenberg,
wo die cenomanen Mergel gegen Röth verworfen sind. In seiner
südlichen Verlängerung läßt sich eine Verwerfung von erheb-

licher Sprunghöhe bis über die Diemel hinaus verfolgen, und
nach N. läuft er in einen Bruch aus, der im Gaultsandstein-
gebiete des westlichen Eggehanges eine Unterbrechung durch
Keuper und Neocomsandstein herbeiführt und damit Veranlassung gegeben hat zur Ausbildung eines Längstales, in dessen
Grunde der Keuper steckt, und eines zweiten Neocomsandstein-
kammes, der den weiter östlich liegenden Hauptkamm stellenweise
sogar an Höhe überragt. Die Höhenschichtenkarte (Taf. I) läßt
diese Terrainverhältnisse deutlich erkennen. Auch dieser Bruch
verliert nach NNO. schnell an Sprunghöhe und ist schon bei
Herbram nicht mehr nachweisbar.

Im Gebiete des höheren Turon südlich und südöstlich von
Paderborn sind tektonische Störungen nur in geringer Zahl
vorhanden; einzelne, dazu noch sehr unbeträchtliche Schichtverschiebungen geben sich nordöstlich von Etteln und in Kirchborchen zu erkennen; erheblichere Sprunghöhe besitzt ein
nordwestlich gerichteter Schichtenabbruch zwischen Busch und
dem Quergrunde nördlich von Hamborn.

Mehrere N.-S.-Brüche durchsetzen das Plänergebiet bei
Grundsteinheim; der westlichste von ihnen ist der beträcht-
lichste und verwirft am Düsterberge und am Südfuße des Him-
beerenberges Brongniartiplaner gegen oberstes Cenoman.

Auch im nördlichen Teil des in der Übersichtskarte dargestellten Kreidegebietes sind hier und da Dislokationen nachweisbar, mit denen zum Teil Grabeneinbrüche zusammenhängen;
so liegt im untersten Cenomanpläner südlich von Schwaney
ein Graben jüngerer Cenomankalke und im Flammenmergel
bei Buke ein schmaler Streifen eingebrochenen Cenomanmergels.

Hydrologische Verhältnisse
im Ursprungsgebiete der Paderquellen.

I. Uber die offenen Wasserläufe im Plänergebiete.

Wie schon in der Einleitung erwähnt wurde, bildet der Kamm der Egge die Wasserscheide zwischen Weser und Rhein; vom Osthange des Gebirges fließt das Wasser den linken Nebenflüssen der Weser, der Diemel, Nethe und Emmer zu, während der Westhang schon in das Wassergebiet der Lippe, und damit des Rheines, gehört.

Im allgemeinen versteht man unter Wasserscheide zunächst die rein aus der Orographie sich ergebenden Grenzlinien der einzelnen Flußgebiete, wie sie für das oberflächlich abfließende Wasser auch zutreffen. Wir werden aber sehen, daß die tatsächlichen Grenzen des Wasserbezuges der einzelnen Wasserläufe und Quellen, die sich aus den geologischen Verhältnissen ergeben, und die ich deshalb auch als geologische Wasserscheiden bezeichne, mit den orographischen Wasserscheiden — wenigstens im Plänergebiete — vielfach auch nicht im allermindesten zusammenfallen.

Nach den orographischen Wasserscheiden zerfällt unser Gebiet in

1. Wassergebiet der Beke,
2. Wassergebiet der Pader,
3. Wassergebiet der Alme.

Von diesen ist der Anteil der Alme bei weitem der größte;
ihm gehört das ganze Gebiet etwa südlich der Linie Nord-
borchen-Buke an.

Der Grund der so eigenartigen hydrologischen Verhältnisse
innerhalb der Paderborner Hochfläche liegt in der außerordentlichen Zerklüftung des Plänergesteines, in dem sowohl das
Wasser der atmosphärischen Niederschläge, als auch der in das
Plänergebiet gelangenden offenen Wasserläufe bald versinkt,
eine Erscheinung, die auch sonst im Gebiete klüftiger Kalk-
schichten fast stets zu beobachten ist. Namentlich dort, wo
der zerklüftete Plänerfels im Bachbette ansteht, sind die
Wasserverluste der Bäche recht erheblich, während an anderen
Stellen, wo alluviale Bildungen das Bachbett gegen die Pläner-
unterlage abdichten, gar keine oder nur geringe Wassermengen
im Untergrunde versinken. Vielfach verliert sich nun das
Wasser ganz allmählich, so daß es nicht möglich ist, einzelne
besonders undichte Stellen zu bezeichnen; in vielen Fällen
läßt sich aber ein Hineinströmen des Wassers in die Öffnungen
der den Pläner durchziehenden Hohlräume, die sogenannten
Schwalglöcher, unmittelbar beobachten. Diese liegen gewöhnlich seitwärts unter den Uferböschungen, seltener inmitten
des Bachbettes; man erkennt sie oft an strudelnden Bewegungen
des Wassers, auch wohl an einem gurgelnden Geräusche. In
ihrem Untergrunde erfolgt bei dem Aufprallen des Wassers
auf die Kalkfelsen in ganz verstärktem Maße eine physikalische
und chemische Auflösung und Fortführung des Gesteines, und
so hat man einerseits beim Aufdecken solcher Schwalgen
mehrfach ausgedehnte Hohlräume freigelegt, während andererseits in ihrer Umgebung erdfallartige Einsenkungen infolge
Nachbrechens der Oberfläche nicht selten sind.

Die Dichtung solcher Schwalglöcher zu dem Zwecke, um
den weiter bachabwärts liegenden Dörfern das Wasser zu erhalten, hat im Bereiche der Paderborner Hochfläche schon
ganz außerordentliche Kosten verschlungen und ist in vielen
Fällen noch nicht einmal von dauerndem Erfolge gewesen;
es kann eben in dem unterminierten Terrain in der Umgebung
der Schwalglöcher leicht ein erneutes Nachsinken der Ober-

fläche eintreten, dem die sorgfältigst und solidest ausgeführten
Dichtungsarbeiten nicht standhalten.

Wir kommen nun zu einer kurzen Betrachtung der einzelnen offenen Wasserläufe im Ursprungsgebiete der Paderquellen.[1])

Die Beke fließt in der Gegend südlich Altenbeken aus
einer Reihe kleiner Wasserläufe zusammen, die den westlichen
Hang der Egge zwischen Altenbeken und Buke entwässern.
Unter den Quellen dort zeichnen sich zwei durch ganz besonderen Wasserreichtum aus: der sogenannte „Apuhl" gleich
südlich des Dorfes und der „Bollerborn" am Eingange des
Bollerborngrundes, aus dem Karl der Große auf einem Zuge
gegen die Sachsen nach dem Berichte alter Urkunden sein
Heer getränkt haben soll. Im Dorfe Altenbeken führt der
Sagebach der Beke die Abflüsse des Eggegebirges zwischen
Altenbeken und Kempen zu. Als ansehnlicher Bach durch-
fließt sie dann das lange Dorf Altenbeken und gelangt bald
jenseits des großen Viaduktes in das Gebiet des cenomanen
Pläners. Zunächst verhindern zwar die mächtigen Alluvionen
des breiten Beketales noch ein Verschwinden des Wassers;
aber schon 1 Kilometer jenseits des Viaduktes machen sich die
ersten Wasserverluste bemerkbar und sind namentlich in
früherer Zeit bei der Oberförsterei Durbeke, solange die
dortigen undichten Stellen noch nicht durch Umlegung des
Bettes umgangen wurden, recht erheblich gewesen. Überhaupt
gelangt nur infolge künstlicher Dichtungsarbeiten, — so ist
stellenweise eine Auspflasterung des ganzen Bachbettes vorgenommen worden —, wenigstens noch ein Teil des Wassers
selbst im Hochsommer bis hin zum Dorfe Neuenbeken. Wie
beträchtlich aber trotzdem noch auf kurze Strecken die Wasserverluste hier sind, geht aus folgenden von Herrn Bahnmeister
LANDRUM zu Paderborn im Juli 1901 nach zweimonatlicher
heißer, fast niederschlagsfreier Zeit ausgeführten Messungen
hervor:

[1]) Vergleiche hierzu Taf. III.

Ort der Messung	Zwischen-raum	Wassermenge in der Beke pro Minute
Am Altenbekener Viadukt		. . . 70,00 kbm
	3900 m	
Schafwäsche (etwa 2 km westlich Neuenbeken)		. . 29,90 „
	1300 m	
Abzweigungsstelle des Untergrabens von Pelizäus' Mühle		. . 9,88 „
	160 m	
Am sogenannten „Bokober" . . .		. . . 6,25 „
	120 m	
Hinter den Schwalglöchern am Bleich-platze		. . . 4,32 „
	120 m	
Am Stauwerke für den Obergraben der eisenbahnfiskalischen Pumpstation .		. . . 3,74 „

Sehr erhebliche Wasserverluste erfolgen auch in Neuen-beken, wo im Bachbette hier und da der turone Pläner ansteht, und wenige hundert Meter unterhalb des Dorfes verschwindet im allgemeinen während der Sommermonate der letzte Rest des Bekewassers; nur nach lang anhaltender Regenperiode, namentlich im Winter und Frühjahre, fließt die Beke bis Marienloh, wo sie in die Lippe einmündet.

Zwischen Altenbeken und Neuenbeken münden in das Beketal eine Reihe selbst zum Teil wieder recht verzweigter Nebentäler, so von S. die „Sieben Gründe", der Schlonegrund und die Duhne, von N. die Durbeke, die jedoch nur zur feuchten Jahreszeit, namentlich zur Zeit der Schneeschmelze, der Beke Wasser zuführen, sonst aber trocken liegen. Nur eines derselben, das Durbeketal, reicht bis in das Gebiet der Unteren Kreide zurück und führt deshalb in seiner obersten Partie auch stets Wasser, das allerdings im allgemeinen bald unterhalb Kempen, wo die Durbeke das Plänergebiet betritt, wieder versiegt.

Das ganze Plänergebiet südlich Paderborn gehört zum „orographischen" Wassergebiete der Alme.

Die Alme kommt aus dem Berglande von Brilon; sie fließt zunächst in nordwestlicher Richtung bis zum Dorfe Weine bei

Büren, nimmt von hier einen im allgemeinen nordöstlichen, vielfach gewundenen Lauf bis Nordborchen, wendet sich dann nach N. und mündet bei Neuhaus, 3½ Kilometer nordwestlich Paderborn, in die Lippe. Etwa von Büren an steht im Untergrunde ihres Bettes die Plänerformation an, und in trockenen Sommern liegt zuweilen schon wenig nordwestlich Brenken, 5 Kilometer unterhalb Büren, ihr Bett trocken. In solchen Fällen führt sie erst von Nordborchen an wieder Wasser, wo die Altenau in sie einmündet.

Das Wassergebiet der Altenau umfaßt den westlichen Hang und das angrenzende Hinterland des Eggegebirges von Buke an südwärts; die orographische Wasserscheide gegen die Beke fällt an der Egge etwa mit der Linie Buke-Hausheide zusammen.

Die hauptsächlichsten Nebentäler der Altenau sind die des Ellerbaches und der Sauer, die ihr beide allerdings höchstens im Winter und Frühjahre Wasser zuführen.

Der Ellerbach bekommt seine bei Schwaney sich vereinigenden bedeutendsten Zuflüsse vom Westhange der Egge von Buke bis wenig nördlich der Försterei Emderwald, wo die Wasserscheide gegen die Sauer liegt. Bis etwa ½ Kilometer westlich Schwaney erhält er noch geringe Zuflüsse aus kleineren Quellen, die dort im cenomanen Mergel entspringen. Schon 1400 Meter unterhalb Schwaney finden sich auf der „Gemeindetränke" am rechten Ufer des Ellerbaches die ersten Schwalglöcher; eines dieser vermag eine Wassermenge von etwa 2 Kubikmetern pro Minute aufzunehmen. Etwas abseits vom linken Ufer der Eller, 200 Meter südlich der Gemeindetränke, liegen die sogenannten „Fuchslöcher", in die zu Zeiten, wo im unterhalb gelegenen Bachbette Ausbesserungs- und Dichtungsarbeiten vorgenommen wurden, der ganze Ellerbach hineingeleitet worden ist. Bis hin nach Dahl habe ich an hundert Stellen gezählt, an denen der Ellerbach Wasser verliert oder doch früher verlor und ohne die mit großen Kosten ausgeführten Dichtungsarbeiten auch heute noch verlieren würde. Früher ist er häufig schon oberhalb Dahl versiegt, jetzt aber gelangt er infolge der künstlichen Aus-

dichtung seines Bettes auch im Hochsommer bis hin zum
Dorfe. Im allgemeinen verschwindet der letzte Rest des Wassers
während der Sommermonate in einem 1 Kilometer unterhalb
Dahl mitten im Bachbette liegenden Schwalgloche. Nur bei
Hochwasser fließt der Bach weiter und gelangt dann auch
wohl über Hamborn bis nach Borchen, wo er in die Altenau
einmündet.

Am Ellerbach ist nun nicht selten während des Winters
die Beobachtung zu machen, daß bei länger anhaltender Kälte
das kurz vorher noch wenig westlich Dahl versiegende Bach-
wasser plötzlich erheblich weiter, etwa bis hin zum Haxtergrunde, gelangt; es ist das wohl eine Folge davon, daß durch
Bildung einer Eiskruste eine Dichtung der Schwalglöcher
eintritt.

Die Quellen der Sauer liegen wenig westlich des Gutes
Schönthal. Etwas unterhalb des Gutes Bülheim erhält sie
recht beträchtliche Zuflüsse aus der Gegend von Kleinenberg
und gelangt so als ziemlich wasserreiches Flüßchen in das
Gebiet des Pläners. Bis nach Lichtenau treten noch keine
nennenswerten Verluste ein, da ziemlich mächtige Alluvionen
den Bach gegen den Pläner abdichten. Aber gleich unterhalb der Stadt Lichtenau finden sich eine Reihe so außerordentlich wasserschluckender Schwalgen, daß die Sauer im
allgemeinen schon 600 Meter weiter nördlich völlig trocken
liegt. Bei länger anhaltendem Regen fließt sie auch während
der Sommermonate noch einige hundert Meter weiter, um dort
in anderen Schwalgen zu versiegen. Noch weiter nördlich
oder gar bis Grundsteinheim gelangt sie während des Sommers
nur in sehr seltenen Ausnahmefällen; regelmäßig tritt dieses
im Frühjahre ein, namentlich zur Zeit der Schneeschmelze,
und dann fließt sie auch wohl, vereinigt mit dem Schmittbache, über Ebbinghausen bis Atteln.

Bei Lichtenau nimmt die Sauer den Odenheimer Bach
auf. Dieser entspringt am Westhange der Egge südlich der
Försterei Torfbruch, erhält in der Niederung ostnordöstlich
Steinbühl eine ganze Reihe kleiner Zuflüsse und gewinnt dadurch so an Wasserreichtum, daß er westlich Steinbühl schon

mehrere Mühlen zu treiben vermag. Etwa bei der Krulls-
mühle, ½ km nordöstlich Lichtenau, kommt er in das Gebiet
des cenomanen Pläners. Von hier bis hinein in die Stadt
fließt er nicht in seinem ursprünglichen Bette, sondern wird
durch künstlich angelegte Mühlengräben geleitet und scheint
dabei zunächst noch keine Einbuße an seiner Wassermenge
zu erleiden. In Lichtenau selbst, wo mehrfach am Grunde des
Baches der Pläner zu Tage tritt, sind die Verluste aber
derartig, daß überhaupt nur bei hohem Wasserstande noch
etwas Wasser bis zur Mündung in die Sauer am Westende von
Lichtenau gelangt. Im allgemeinen verschwindet während
des Sommers der letzte Rest in einem Schwalgloche unter
dem nördlichen Ufer des Baches etwa 250 Meter oberhalb der
Mündung.

Zwischen Iggenhausen und Grundsteinheim vereinigt sich
mit der Sauer der vom Eggegebirge aus der Gegend östlich
von Asseln kommende Schmittbach (in seinem Quellgebiete
auch wohl als „Glasewasser" bezeichnet). Bevor er in das
Plänergebiet gelangt, ist er so wasserreich, daß er zwischen
Asseln und Herbram mehrere Mühlen zu treiben vermag. Bis
nach Iggenhausen scheint er keine beträchtlichen Wasserverluste
zu erfahren; im westlichen Teile dieses Dorfes, am Ostfuße
des steilen Büngeberges, ist das Bett, in dem der zerklüftete
Pläner frei zu Tage tritt, aber voll von Schwalgen. Die
Hauptmasse des Wassers umgeht in einem Mühlengraben
diese Partie, während die geringe im alten Bachbette bleibende
Menge bis auf den letzten Tropfen in den Spalten des
Pläners bei der Iggenhäuser Mühle verschwindet. Der übrige
Teil des Schmittbaches umfließt in einem nach NW. offenen
Bogen den Südostfuß des Büngeberges und bespült dann
dessen Südfuß. Hier entspringt aus einer Felsspalte am
Nordufer des Baches, genau südlich der Schwalgen bei der
Iggenhäuser Mühle, eine ziemlich starke Quelle, und der
Zusammenhang dieser mit dem in Iggenhausen verschwindenden
Wasser war von vornherein schon deswegen recht wahrschein-
lich, weil stets zu gleicher Zeit, wo der Schmittbach trübes

Wasser führte, auch diese Quelle sich getrübt zeigte; den
Zusammenhang zweifellos nachgewiesen hat dann Herr Professor Fuchs in Paderborn durch mehrere Färbeversuche;
es hat sich dabei gezeigt, daß das bei der Iggenhäuser Mühle
gefärbte Wasser ³/₄ — 1 ¼ Stunden zum Durchfließen der 250 Meter
langen unterirdischen Strecke gebraucht. 150 Meter unterhalb
dieser Quelle liegt die Vereinigungsstelle des Schmittbaches
mit der Sauer, die hier allerdings, wie wir sahen, einen großen
Teil des Jahres trocken liegt. Daher enthält der Bach unterhalb der Vereinigung, wenigstens der Hauptsache nach, das
Wasser des Schmittbaches; trotzdem wird er hier als „Sauer"
bezeichnet und die Berechtigung hierzu wird gewiß dadurch
nicht größer, daß der vereinigte Bach zunächst genau in der
Verlängerung des Schmittwassers fließt, während die Sauer
unter rechtem Winkel von S. dazu stößt. — Wenig weiter
talabwärts erleidet der Bach beträchtliche Wasserverluste. Bei
Durchführung der Separation hat hier schon vor Jahrzehnten
eine teilweise Verlegung des Flußbettes stattgefunden, um die
schlimmsten Schwalglöcher im alten Bachlaufe zu umgehen,
und nur dadurch gelangt ein schwacher Wasserlauf bis in das
Dorf Grundsteinheim.

Im Orte selbst, wo das Bachbett sehr breit ist, sind
wieder eine Reihe bedeutender Schwalglöcher vorhanden; seitens
der Gemeinde werden im Bachbette Dämme aus Lehm und
Mergel entlang den Ufern gezogen, um das Wasser von den
seitwärts gelegenen Schwalgen fernzuhalten; so hält es sich
bis zum Westrande des Dorfes, versiegt aber bald unterhalb.
Wie schon oben gesagt, führt die Sauer nur in sehr regen-
reicher Zeit noch weiter talabwärts Wasser, bis zu ihrer Einmündung in die Altenau bei der „Kleinen Mühle" bei Atteln
aber nur im Winter und Frühjahre und dann auch nur mit
großen Unterbrechungen.

Die Altenau entspringt in der Gegend von Blankenrode,
die Hauptquelle liegt im Orte selbst. Während ihres annähernd
süd-nördlich gerichteten Laufes bis etwa zur Amelungenkapelle
erhält sie fortwährend Zuflüsse, so namentlich aus dem

„Düsteren Grunde" und dem Tale zwischen Mittelberg und
Hohestein, ferner aus einigen starken Quellen bald unterhalb
der Amelungenkapelle. Etwa von der Amelungenkapelle an
bildet der Pläner ihren Untergrund, und schon zwischen
hier und der Neuen Mühle findet eine erhebliche Verminderung
der Wasserführung statt; dasselbe gilt für die Gegend südlich
Husen, wo stellenweise im Bachbette der Pläner zu Tage tritt.
Von Husen bis zur „Kleinen Mühle" scheinen keine bedeutenden
Verluste einzutreten, dagegen erfolgen solche wieder bald
unterhalb der „Kleinen Mühle". Etwas Wasser führt aber die
Altenau stets noch bis nach Atteln; dagegen liegt sie in sehr
regenarmen Sommern zuweilen unterhalb Atteln trocken.

Zwischen Atteln und Henglarn liegen wieder mehrere zum
Teil recht starke Quellen, deren Wassermenge mit der Jahreszeit allerdings etwas schwankt, und die in ganz trockenen Sommern, namentlich wenn diesen ein recht trockenes Frühjahr
voranging, auch schon versiegt sein sollen. Sie liegen wenige
100 Schritte nördlich der Altenau; ihr Abfluß mündet gleich
östlich Henglarn in die Altenau ein, und so führt der weiter
oberhalb im Sommer oft trocken liegende Bach von hier an
stets wieder Wasser. Treten auch bald bachabwärts neue
Wasserverluste ein, so hält sich doch unter normalen Verhältnissen selbst im Hochsommer das Wasser bis in die
Gegend östlich Gellinghausen. Nur wenn die Henglarner
Quellen recht schwach fließen, liegt die Altenau schon 1 Kilometer unterhalb Henglarn wieder trocken. Gewöhnlich verliert
sie sich während der Sommermonate in einer tiefen Auskolkung des Bachbettes unter dem Papenberge 800 Meter
nordöstlich der Gellinghäuser Mühle. Doch nur auf kurze
Erstreckung liegt der Bach trocken, denn schon bei der
Gellinghäuser Mühle erhält er aus einer Reihe von Quellen
recht erhebliche Zuflüsse, und von hieran führt er bis
hin zur Mündung in die Alme bei Nordborchen auch im
trockensten Sommer Wasser. Bei Kirchborchen erhält er
starke, nie versiegende Zuflüsse aus den im ganzen Dorfe
verteilten Quellen.

Wie wir sahen, gehört der ganze Westhang des Eggegebirges südlich von Bake in das „orographische" Wassergebiet der Alme. Aber im allgemeinen gelangt nur im Winter
und Frühjahre ein Teil des Wassers in oberirdischem Laufe
zu ihr hin; während der Sommermonate versiegt alles im
Plänergebiete, um erst nach längerem unterirdischem Verlaufe
außerhalb des Almegebietes wieder zu Tage zu kommen.

II. Die Paderquellen zu Paderborn.

Im Gegensatze zu der großen Wasserarmut im Bereich der Paderborner Hochfläche steht der außerordentliche Wasserreichtum an ihrem Nordrande, an der Grenze gegen die Diluvialebene. Hier staut sich das von S. kommende Wasser an der undurchlässigen Bedeckung durch die Emscher Mergel und kommt am Ausstreichen der Grenze von Plänerkalk und senonem Mergel zum Ausströmen. Der Druck des nachströmenden Wassers erklärt, daß manche der Paderquellen mit größerer Gewalt hervorbrechen. GÄRTNER[1] bezeichnet derartige Quellen, die sich durch Stauung des bis dahin im durchlässigen Gebirge fließenden Wassers an einer diesem sich auflegenden undurchlässigen Schicht erklären, als „Barrierenquellen".

Fig. 1.

Die Grenze von Pläner und Diluvium, bezw. Emscher, zieht sich in Paderborn mitten durch die Stadt, so daß die höher gelegene südliche Stadt auf Kalk, die tiefer gelegene nördliche auf Diluvium liegt. Dabei setzt sich im allgemeinen der Pläner terrassenförmig gegen das Diluvium ab, und am Fuße dieser Terrasse brechen im nordwestlichen Teile der Stadt die Quellen hervor.

[1] l. c. S. 34.

Die Zahl der Quellen ist eine außerordentlich große; in der Taf. IV finden sich die hauptsächlichsten (etwa 130) verzeichnet; wollten wir sämtliche kleinen Wasseraustritte hinzunehmen, so wäre diese Zahl aber gewiß auf das Doppelte zu erhöhen. In solchen Fällen, wo auf ganz engem Raume außerordentlich große Wassermassen hervorquellen — wie z. B. im „Blauen Kolke" — ist überhaupt nicht zu entscheiden, um wieviele einzelne Quellen es sich dabei handelt.

Besonders interessant, namentlich auch deshalb weil sie mit den Ursprungsverhältnissen auf das engste zusammenhängen, sind die physikalischen Erscheinungen an den Quellen. Die Kenntnis dieser verdanke ich vorwiegend den Mitteilungen des Herrn Professor FRICKE, der lange Zeit die Quellen beobachtet und namentlich auch ihre Temperaturen regelmäßig gemessen hat. Auf diesen Messungen beruhen die in Tafel V dargestellten Temperaturkurven einzelner typischer Vertreter der Paderquellen in der Zeit vom April 1899 bis zum April 1900. Wir werden noch im einzelnen sehen, wie die Paderquellen insofern in zwei große Hauptgruppen sich einordnen lassen, als ein Teil von ihnen sich wenige Tage nach heftigen Niederschlägen zu trüben pflegt, während ein anderer Teil stets klar bleibt. Beide Arten von Quellen liegen im allgemeinen ziemlich regellos durcheinander, so daß z. B. mitten zwischen häufig trüben eine stets klare sich findet und umgekehrt. Namentlich in Bezug auf die Temperatur zeigen aber die Paderquellen große Differenzen und eine gewisse Regel ergiebt sich hier insofern, als, wie auch schon BISCHOF, DAUBRÉE, SCHLÜTER und VÖLLERS hervorhoben, im allgemeinen die Temperatur von O. nach W. zunimmt.

Die Quellen gruppieren sich vorwiegend um fünf einzelne Quellbassins, von denen fünf Quellarme ausgehen, die sich noch innerhalb der Stadt zur Pader vereinigen. In ostwestlicher Folge werden diese fünf einzelnen Arme bezeichnet als

> Warme Pader
> Damm-Pader
> Börne-Pader
> Rotheborn-Pader
> Spül-Pader.

Der Warmen Pader gehören die westlichsten Quellen an. Fünf von diesen entspringen unter der „Waschhalle", drei weitere unter und neben der südlichen zur Waschhalle hinabführenden Treppe und endlich zwei in einem nach S. vorgezogenen Zipfel des Quellbassins.

Die Warme Pader verdankt ihren Namen der verhältnismäßig hohen Temperatur ihrer Quellen. Die wärmsten von allen sind diejenigen unter und neben der Waschhalle, und von diesen haben wieder die beiden nördlichsten die höchste Temperatur, die bis 15,9° steigen kann. Die Temperatur der Quellen untereinander ist eine verschiedene und liegt etwa zwischen 13½ und 16°. Die jährlichen Wärmeschwankungen der einzelnen Quelle sind gering, sie betragen bei keiner mehr als einen Grad. Die Temperaturkurve der Quelle unter der südlichen Waschhallentreppe vom April 1899 bis April 1900 findet sich in Taf. V; wir sehen dort, daß in dieser Zeit die höchste Temperatur 15,7°, die niedrigste 15,2°, die ganze jährliche Schwankung also nur 0,5° betrug. In derselben Zeit schwankte die Temperatur der nördlichsten der beiden Quellen zwischen der eben erwähnten und der südlichsten unter der Waschhalle zwischen 13,85° und 14,85°, also um einen Grad, der südlichsten dieser beiden zwischen 14,1° und 14,55°, also nur um 0,45°. Letztere Quelle ist die schwächste von allen und versiegt häufig im Sommer; sie ist außerdem die einzige, die nicht im Grunde des Quellbassins, sondern über dem Wasserniveau der Warmen Pader ausfließt.

Die Temperatur der beiden Quellen im südlichen Zipfel des Quellbassins ist etwas tiefer; die Temperaturkurve der östlichen von diesen findet sich in Taf. V; ihre Wärme schwankt zwischen 12,4° und 12,7°, also nur um den sehr geringen Betrag von 0,3°.

Die Quellen der Warmen Pader gehören sämtlich zu den stets klaren Quellen.

Ausgezeichnet sind sie durch einen verhältnismäßig hohen Gehalt an Kochsalz, wie sich z. B. aus einer im chemischen Laboratorium des Dr. W. Lohmann in Berlin ausgeführten Analyse der nördlichsten Quelle unter der Waschhalle, die das Wasser für das „Kaiser-Karls-Bad" liefert, ergibt:

In 100000 Teilen

Chlorkalium	0,037
Chlornatrium .	65,025
Chlormagnesium .	0,192
Kaliumsulfat	0,397
Calciumsulfat .	1,838
Calciumcarbonat .	36,000
Eisencarbonat .	1,284
Mangancarbonat .	0,204
Kieselsäure . .	1,400
Natriumphosphat	Spuren.

Im Anschlusse an die Warme Pader ist noch auf eine vereinzelte Quelle etwas nördlich von ihr in der „Kuhgasse" hinzuweisen, die sich physikalisch denen der Warmen Pader sehr ähnlich verhält; ihre Temperatur beträgt nach Vollers[1] 14³/₄—15°.

Von der Warmen Pader ist durch den schmalen „Damm" das Quellbassin der Damm-Pader getrennt, das eine große Zahl von Qellen enthält. So kommen zunächst sechs in der Südwestecke des Bassins dicht nebeneinander unter dem Sander-schen Eckhause hervor. Die Wassermenge dieser ist recht schwankend, doch ist ein völliges Versiegen bisher nicht bekannt geworden. Ihre Temperatur ist eine ziemlich hohe; die der westlichsten liegt z. B. zwischen 13,3° und 13,65°, schwankt also nur um den geringen Betrag von 0,35° (s. Taf. V); Trübungen sind bei ihnen nicht beobachtet worden. Zwei weitere Dammpaderquellen entspringen wenig östlich von den eben erwähnten.

Inmitten des Dammpaderbassins liegt eine tiefe Auskolkung, der „Blaue Kolk", auf dessen Grunde eine große Zahl von Quellen, zum Teil unter starkem Drucke, entspringen: sie sind die westlichsten sämtlicher Paderquellen, die sich getrübt zeigen können. Die einzelnen Quellen scheinen eine annähernd gleiche, dabei ziemlich hohe Temperatur zu besitzen, die Resultate der Messungen, die von Prof. Fricke an zehn ver-

[1] Vollers l. c. S. 84.

schiedenen Stellen des Blauen Kolkes im September 1901 ausgeführt wurden, schwanken zwischen 14 und 14,85°.

Nach O. wird das Bassin der Dammpader begrenzt durch die städtische Bleiche. Nördlich dieser, zwischen ihr und den Hinterhäusern der Bachstraße, zieht sich ein schmaler Wasserarm von der Dammpader zur Börnepader, und an diesem Arm kommen wieder eine ganze Zahl von Quellen hervor. So liegen eine Reihe solcher am Nordrande der Bleiche, die in Bezug auf ihre Temperatur ganz bedeutende Schwankungen aufweisen. Das geht z. B aus der auf Taf. V dargestellten Temperaturkurve einer dieser Quellen hervor, die eine Schwankung um 3,4°, nämlich zwischen 9,5 und 12,9°, zeigt.

Die Quellen am Nordrande der Bleiche sind stets außerordentlich wasserreich und trüben sich häufig.

Ihnen gegenüber, in den Höfen und an den Hinterhäusern der Bachstraße liegen eine Reihe weiterer Quellen, von denen diejenige hinter SEIDENSTICKER's Hause wegen ihrer hohen Temperatur von durchschnittlich etwa 15,7° besonders bemerkenswert ist.

Die wasserreiche Börnepader entspringt aus circa 22 einzelnen, in Bezug auf ihre Wassermenge wenig schwankenden Quellen am sogenannten Börnestiege. Nach heftigen Regengüssen trüben diese sich sämtlich, oft recht anhaltend. Sehr auffällig ist im Vergleich zu den Wärmeverhältnissen anderer benachbarter Paderquellen, daß die Temperatur der einzelnen Quellen der Börnepader untereinander stets die gleiche ist: auch die allen gemeinsamen Wärmeschwankungen sind nicht bedeutend (s. Taf. V): die höchste beobachtete Temperatur beträgt 10,65°, die niedrigste 9,7°, die Differenz also 0,95°, die Durchschnittstemperatur 10,5°.

In der Nachbarschaft der Börnepader liegen die Wasserleitungsquellen der Stadt Paderborn. Sie werden bezeichnet als Hauptquelle I und Hauptquelle II und entspringen etwas über dem Niveau der Börnepader gegenüber ihren östlichsten Quellen aus Klüften des an der Südseite des „Börnestieges" steil ansteigenden Pläuerufers. Quelle I ist von diesen die stärkere, Quelle II kann im Sommer fast ganz versiegen. Um dem in solchen Fällen entstehenden Wassermangel abzuhelfen,

ist zeitweise die östlichste der Börnepaderquellen (als Wasser-
leitungsquelle III) zur Speisung der Wasserleitung hinzugezogen
worden, bis deren Wasser sich aus hygienischen Rücksichten
als unbrauchbar herausstellte.

Paderborn ist mehrfach von schweren Typhusepidemieen
heimgesucht worden, zuletzt im Jahre 1898, und nach allen
begleitenden Erscheinungen sind diese Epidemieen auf eine
Infektion des Leitungswassers zurückzuführen.

Unter dem Eindrucke der Epidemie von 1893 sind die
Quellen des Wasserwerkes 3 Jahre lang chemischen und
bakteriologischen Untersuchungen unterzogen worden, und es
hat sich dabei folgendes ergeben:[1])

    1. Chemisch ist das Wasser der Wasserleitungsquellen
        ziemlich hart, es hat 14—15 DH. Der Chlorgehalt
        ist mäßig, etwa 1,5—2,5 Cl auf 100000 Teile. Der
        Salpetersäuregehalt schwankt zwischen 1,5 und 3,0;
        Ammoniak und salpetrige Säure fehlen.

    2. Bakteriologisch: Der mittlere Keimgehalt beträgt
        50—150 Keime im Kubikzentimeter. Der Bakterien-
        befund ist am besten bei starkem Frost und bei an-
        haltender Dürre, am ungünstigsten zur Zeit der Schnee-
        schmelze und nach heftigem Gewitterregen.

Stärkere Trübungen sind bei den Wasserleitungsquellen
I und II niemals beobachtet worden, minimale, in dickeren
Schichten erst erkennbare können sich aber auch bei ihnen
zeigen.

Die Temperatur der Quelle I liegt zwischen 10,15 und
10,6°, schwankt also um 0,45°, diejenige der Quelle II zwischen
10,4 und 10,7°, schwankt also um 0,3°. Im allgemeinen ist
Quelle II um 0,1—0,15°, ganz selten auch bis 0,25° wärmer als
Quelle I.

Alle bisher betrachteten Quellen fasse ich zusammen zu
einer westlichen Quellenzone im Gegensatz zu der nun zu

---

[1]) Nach freundlicher Mitteilung des Herrn Generalarzt Prasse.

besprechenden östlichen Quellenzone, der namentlich Rotheborn- und Spülpader angehören.

Rothebornpader und Spülpader entspringen dicht nebeneinander wenig nördlich des Domes.

Der sogenannte „Rotheborn" ist etwas südlich des Quellbassins des nach ihm benannten Paderarmes am Fuße des zum Dome hinaufführenden Ikenstieges gefaßt. Er ist eine schwache, in der Wassermenge aber sehr konstante, stets klare Quelle, deren Temperatur (s. Tafel V) zwischen 9,5 und 10,25°, also um $^3/_4$°, schwankt.

Das Quellbassin der Rothebornpader enthält eine große Menge einzelner Quellen, namentlich an seinem Süd- und Westrande; auch am Nordrande treten einzelne neben und unter dem Amtsgerichte zu Tage. Fast alle sind sehr wasserreich, trüben sich häufig und zeigen Temperaturschwankungen um $1^1/_2$ bis $2^1/_2$°; eine Ausnahme macht eine in der Südwestecke des Quellbassins etwas über dem Wasserspiegel entspringende kleine Quelle, die bei Trockenheit leicht versiegt, niemals Trübung erkennen läßt und in der Temperatur nur sehr wenig schwankt.

Folgende Tabelle zeigt die Temperaturverhältnisse einiger Rothebornpaderquellen:

	niedrigste	höchste	Temperatur-schwankung
	Temperatur		
Quelle an der Brücke zum Gericht beim 5. Gitter (s. Taf. V) . .	8,75°	10,55°	1,8°
Desgl. beim 8. Gitter	9,05°	11,05°	2°
„ „ 10. Gitter	9,50°	11,05°	1,55°
Quelle am 2. Gitter rechts vom Rotheborn	9,7°	11,15°	1,45°
1. Quelle am Gericht . . .	8,4°	10,8°	2,4°
2. „ „	8,05°	11,05°	2°
Quelle in der Nordostecke des Quellbassins (sogen. „Augenquelle")	8,9°	11,0°	2,1°

Die Spülpader enthält die westlichsten Paderquellen. Zu ihr gehören zunächst eine ganze Reihe von Quellen, die unter dem Fußsteige am alten Hebammeninstitute entspringen,

und weiter nördlich liegen mehrere an den die Spülpader ein-
schließenden Grundstücken: von diesen ist die Quelle an
REXGIER's Garten die stärkste. Die nördlichsten Quellen der
Spülpader gruppieren sich um eine nach O. gerichtete kleine
Ausbuchtung an den „Dielen"; in der Südostecke dieser Aus-
buchtung liegt eine Quelle, die häufig versiegt, zu anderen
Zeiten aber wieder solche Wassermassen liefert, daß sie das
angrenzende Pflaster überspült.

In ihrem physikalischen Verhalten sind die Spülpaderquellen denen der Rothebornpader recht ähnlich. Auch sie
trüben sich nach heftigen Niederschlägen und schwanken in
der Temperatur recht erheblich, wie folgende Zahlen ergeben:

	tiefste	höchste	Temperatur-
	Temperatur		schwankung
Eine der Quellen am alten Heb-ammeninstitute	8,0°	10,75°	2,75°
Oben erwähnte, oft versiegende Quelle an den Dielen . . .	7,35°	11,20°	3,85°
Nächste Quelle westlich von dieser	7,5°	10,4°	2,90°
Quellen an den Dielenwasch-löchern, die zweite von O. (s. Taf. V)	7,3°	10,45°	3,15°

Zur östlichen Quellengruppe gehören noch ein paar vereinzelt liegende Quellen, so z. B. diejenige unter der „Schlachthausbrücke", deren Wasser sowohl nach S. zur Spülpader, als
auch nach N. zum Schlachthauskanal abfließt. Sehr häufig
trübt sie sich; ihre Temperatur schwankt zwischen 7,5 und
10,25°, also in ähnlich erheblicher Weise, wie diejenige der
Spülpaderquellen.

Eine stets klare, um ihre durchschnittliche Temperatur
von 10,5° wenig schwankende Quelle liegt im Garten des
Haxthausener Hofes, und etwas nördlich von ihr entspringen
zwei andere, in der Temperatur ziemlich schwankende, nach
heftigen Niederschlägen sich trübende Quellen, die einen
kleinen, zwischen dem Haxthausener Hofe und dem Schlacht-
hofe in die Spülpader einmündenden Nebenbach speisen.

4*

Ein paar Quellen finden sich noch in der KERL'schen Gärtnerei, auf der kleinen Landzunge zwischen Spül- und Rothebornpader kurz vor deren Vereinigung. Von diesen ist die südlichste bei weitem die stärkste, ihre Wassermenge beträgt nicht weniger als 7—8 Kubikmeter pro Minute; die beiden anderen sind ganz bedeutend schwächer.

Alle drei Quellen trüben sich nach heftigen Niederschlägen, die südlichste am stärksten, ihre Temperatur schwankt sehr bedeutend.

Im nördlichen Teile der Stadt ist noch an zwei Stellen durch Brunnenbohrungen Untergrundwasser festgestellt worden, und zwar bei der Aktienbrauerei am Borchener Wege (durchschnittliche Temperatur nach VÜLLERS[1]) 10,5° C.) und bei der Vereinsbrauerei an der Driburger Chaussee (Temperatur nach VÜLLERS 10,25° C.).

Im Anschluß an die Paderquellen bleiben noch die gleich östlich der Stadt Paderborn im „Riemekefelde" liegenden Quellen des Riemekebaches zu erwähnen, die am Grunde eines kleinen Quellteiches, des „Riemekekolkes" entspringen; an dessen verschiedenen Stellen schwankt die Temperatur zwischen 10,5 und 12,9° C.; Trübungen sind nicht beobachtet worden. Nach kurzem Laufe mündet der Riemekebach unterhalb des Stadtwalles in die Pader.

Im folgenden sind die Paderquellen in erster Linie nach den Trübungserscheinungen eingeteilt; dabei sind unter den „zeitweilig trüben" Quellen nur diejenigen verstanden, die nach heftigen Niederschlägen sich deutlich getrübt zeigen, während andere, bei denen nur in seltenen Ausnahmefällen ganz minimale, erst in dicken Schichten wahrnehmbare Trübungen beobachtet sein sollen, noch den „klaren" zugerechnet wurden.

Für die weitere Einteilung waren die Temperaturverhältnisse maßgebend, zunächst die Beträge der Temperatur-

[1] l. c. S. 87.

schwankungen, sodann die Höhe der Temperatur. Streng genommen sind ja sämtliche Paderborner Quellen „warme" Quellen, da ihre Durchschnittstemperatur über der jährlichen Durchschnittstemperatur des Ortes (ca. 7,50° C.) liegt, und die getroffene Unterscheidung in „Warme" und „Kalte" Quellen ist nur so zu verstehen, daß unter „Warmen" diejenigen, deren Temperatur nicht unter 12° sinkt, unter „Kalten" diejenigen, deren Durchschnittstemperatur niemals über 11° steigt, verstanden wurden.

Einer der in der folgenden Einteilung enthaltenen Typen, derjenige der stets klaren, in der Temperatur stark schwankenden Quellen, ist in Paderborn selbst nicht vertreten, wohl aber nordöstlich der Stadt bei Dören.

Einteilung der Paderquellen.

I. Stets klare Quellen
    A. Temperaturschwankung
        gering (höchstens 1°)
        1. Warme Quellen . . . Typus der Warmen Pader
        2. Kalte Quellen . . . . Typus des Rotheborn
    B. Temperaturschwankung
        beträchtlich (1,8—5°) . Typus der Dörener Quellen
II. Zeitweilig trübe Quellen
    A. Temperaturschwankung
        gering (höchstens 1°)
        1. Warme Quellen . . . Typus des Blauen Kolkes
        2. Kalte Quellen . . . . Typus der Börnepader
    B. Temperaturschwankung
        beträchtlich (1½—4°). Typus der Spülpader.

Der Typus I B fehlt also in Paderborn, der Typus II A 1 findet sich nur im Blauen Kolke, der Typus II A 2 nur in der Börnepader vertreten. Die Typen I A 1 und I A 2 haben eine ganze Reihe von Vertretern, ersterer in der westlichen, letzterer in der östlichen Quellenzone. Die bei weitem größte Menge der Paderquellen gehört zum Typus II B, so die größte Zahl der Quellen der Spülpader und Rothebornpader, die Quellen am Nordrande der Bleiche, die Quellen der Kem'schen Gärtnerei, die Quelle unter der Schlachthausbrücke usw.

Über die Gesamtwassermenge der Paderquellen sind im Winterhalbjahr 1896,97 Messungen seitens der Stadt Paderborn an der Paderbrücke gleich nördlich des Schlachthauses zwischen dem „Paderwalle" und „Heierwalle" ausgeführt worden, die für die feuchte Jahreszeit eine durchschnittliche Wassermenge von 8,76 Kubikmetern pro Sekunde ergeben haben.

Taf. VI veranschaulicht den Wasserreichtum der Pader beim Ausflusse aus der Stadt kaum 500 Meter unterhalb ihrer Quellen.

Die Quellen zwischen Paderborn und Lippspringe.

Bei keiner der Quellen, die nordwestlich der Stadt Paderborn den Rand des Plänerplateaus gegen die Diluvialebene begleiten, ist bisher irgend welche Trübung beobachtet worden. Der Abfluß dieser Quellen geht zum Rothebach, der am Inselbade bei Paderborn in die Pader einmündet, und dessen Quelle das sogenannte „Ochsenborn", 100 Meter östlich Gut Rosenkranz ist. Im trockenen Sommer versiegt diese Quelle, und dann liegt das Bett des Rothebaches trocken bis zu den kleinen Quellen in der „Schafwäsche", 350 Meter südlich Rosenkranz, die auch zur heißesten Jahreszeit noch etwas Wasser führen. Östlich hiervon entspringen beim Gute Krespohl aus Klüften des hier unter dem Diluvium hervorstehenden Plänergebirges mehrere kleine, im Sommer häufig versiegende Quellen vom Typus des Rotheborn, andere in den städtischen „Lothewiesen" westlich Dören, von denen nur eine, die westlichste, niemals versiegt; die Temperatur dieser schwankt zwischen 11,3 und 13,1°; dem schon oben erwähnten, in Paderborn nicht vertretenen Typus der stets klaren, dabei in der Temperatur sehr veränderlichen Quellen gehört eine Quelle am Südrande der Lothewiesen an, deren Temperatur zwischen 8,8 und 13,8°, also um den Betrag von 5°, schwankt; auch diese versiegt im

Sommer häufig. Zum gleichen Typus gehören drei im Sommer regelmäßig austrocknende Quellen zwischen den Lothewiesen und Dören; die nördlichste von diesen schwankt zwischen 9,5 und 13,9°, und von einer anderen, wenige Schritte weiter südlich, liegen folgende Messungen aus der Zeit vom März bis Juni 1899 vor:

Temperatur am 14. März . 7,60°

„ „ 29. Mai 9,55°

„ „ 3. Juni . 10,30°

„ „ 5. Juni . . . 11,15°

Derartig bedeutende Temperaturschwankungen innerhalb so kurzer Zeit sind bei keiner anderen Quelle in der Gegend von Paderborn zu beobachten.

Etwas abseits der Straße von Paderborn nach Dören findet sich eine ganze Reihe nie versiegender Quellen im Grunde von „Hasenkamps-Teich", deren Temperatur zwischen 11,5 und 12,5° liegt. Zum Schlusse sind noch ein paar kleine, im Sommer regelmäßig austrocknende Quellen am Feldwege westlich von Hasenkamps-Teich zu nennen.

III. Hülfsmittel zur Erkennung des Weges der unterirdischen Wasserzirkulation im Paderborner Plänergebirge.

1. Verwerfungs- und Spaltenzüge.

Siehe S. 30.

2. Wasseraustritte im Plänergebiete.

Wenn der Weg festgelegt werden soll, den das zu den Paderquellen hinführende Wasser im Untergrunde des Plänergebirges nimmt, so geben naturgemäß die Überläufe dieses Wassers, die Quellen, einen ausgezeichneten Anhalt.

Im Gegensatz zu dem außerordentlichen Wasserreichtum entlang der Grenze des Pläners gegen den Emscher Mergel bezw. das Diluvium steht die große Quellenarmut im Bereiche der Paderborner Hochfläche. Namentlich ständig fließende Quellen sind nur in ganz beschränkter Zahl vorhanden; dagegen findet sich eine große Zahl temporärer Quellen, die im allgemeinen nur während der nassen Jahreszeit, also in den Wintermonaten und namentlich im Frühjahr zur Zeit der Schneeschmelze, im Sommer nur nach lang anhaltenden, heftigen Niederschlägen fließen, den größten Teil der Sommermonate aber völlig trocken liegen. Diese häufig versiegenden Quellen, im Volksmunde gewöhnlich „Quickspringe" oder einfach „Quicks" genannt, liegen ganz vorwiegend im Grunde der tief in das Plateau eingeschnittenen Täler. In Taf. III sind nur die Quellen des Plänergebietes verzeichnet, nicht diejenigen an der Egge, die für die unten folgenden Ausführungen nicht von Bedeutung sind.

Quellen im Plänergebiete entlang der Beke.

Eine Reihe von Wasseraustritten im westlichen Teile von Altenbeken haben als normale Schichtquellen über den Cenomanmergeln hier kein Interesse.

Die östlichsten Quicksprünge innerhalb des Plänergebietes entlang der Beke finden sich in den vom Beketale bald westlich des großen Viaduktes nach S. abzweigenden „Sieben Gründen"; weiter talabwärts quillt südwestlich der Oberförsterei Durbeke am Nordfuße des Schierenberges in der Chausseeböschung an einzelnen Stellen zur feuchten Jahreszeit ständig etwas Wasser, und auch am Eingange zu dem zwischen Schierenberg und Keimberg sich hinaufziehenden „Schlonegrunde" liegen ein paar kleine, zum Teil das ganze Jahr fließende Quellen. Von hier bis hin nach Neuenbeken sind mir keine Wasseraustritte bekannt geworden; nur in der „Duhne" findet sich 1600 Meter südöstlich des Eisenbahnviaduktes in der Tiefe des Tales ein kleiner Quickspring.

In Neuenbeken liegen Quicksprünge in einem Kampe 150 Meter westlich der Kirche und in Pelizäus' Kampe auf der sogenannten „Brede", die jahrelang überhaupt nicht fließen, in anderen sehr feuchten Jahren aber recht beträchtliche Wassermengen liefern.

Unterhalb Neuenbeken entspringen im Winter und Frühjahre in den Kämpen 1 Kilometer westlich des Kleehofes etwas größere Wassermengen.

Quellen im Plänergebiete entlang dem Ellerbache.

Von den im Cenomanmergel gleich westlich Schwaney entspringenden Quellen, deren stärkste für die Wasserversorgung des Dorfes Dahl in Aussicht genommen ist, war schon die Rede. Von hier bis Hamborn südlich Paderborn sind irgendwie nennenswerte Wasseraustritte entlang dem Ellerbache überhaupt nicht vorhanden, höchstens wäre zu erwähnen, daß an der Talbiegung zwischen dem Haxterholz und dem Schloßberge der Untergrund der Chaussee stets etwas feucht bleibt, und daß im Gegensatz zu der großen Trockenheit des ganzen angrenzenden Gebietes der Grund des sich vom Quergrund nach O. zwischen Haxterholz und Querholz hinaufziehenden Tälchens ständig etwas Feuchtigkeit enthält, so daß die Fichten hier früh der Rotfäule verfallen.

Dagegen liegt eine Reihe von Quellaustritten in der unmittelbaren Umgebung des Gutes Hamborn. Das Ellerbachtal ist hier in mäandrischen Windungen tief in das Plänerplateau eingeschnitten. Im Grunde des Tales steht der obere Brongniartipläner an, über dem die Scaphitenpläner mit einem am Hange leicht zu verfolgenden Klippenbande beginnen. Das Gut Hamborn liegt auf einem nach S., W. und N. vom Ellerbachtale umzogenen, zu ihm steil abfallenden Plateauvorsprunge. Mehrere temporäre Quellen entspringen am Südfuße dieses Vorsprunges neben der nach Kirchborchen führenden Chaussee, andere etwa ½ Kilometer talabwärts. Aber auch oben auf dem Gute Hamborn tritt aus den Klüften des Pläners an einzelnen Stellen in nasser Zeit Wasser aus, wenn auch immer nur in geringen Mengen.

Bis nach Kirchborchen ist von Quellaustritten weiter nichts zu verzeichnen.

Wasseraustritte im Plänergebiete entlang der Sauer.

Entlang der Sauer findet sich eine ganze Zahl größtenteils allerdings temporärer Quellen zunächst in der Gegend von Iggenhausen und Grundsteinheim, von denen an die Sauer in etwas regenreicherer Zeit wieder etwas Wasser führt, während weiter oberhalb schon von Lichtenau an ihr Bett trocken liegt. Die südlichste dieser Quellen entspringt mitten im Bachbette beim Schuppen östlich des Stöckersbuschberges; ständig fließt sie etwa vom Herbst bis in den Juli, im Hochsommer aber nur nach sehr starken Niederschlägen; ein paar andere weiter nördlich behalten ihr Wasser etwa bis in den Mai oder Juni hinein. In Tafel III sind nur die etwas bedeutenderen Quellen und Quickspringe eingetragen; ihre Zahl ist damit aber gewiß nicht erschöpft, vielmehr geben sich im Frühjahre noch an vielen anderen Stellen des dann oft viel Wasser führenden Bachbettes Wasseraustritte durch kleine Strudel, Emporsteigen von Blasen usw. zu erkennen. Nur zwei der Quellen bei Grundsteinheim fließen ständig, und zwar

liegt die eine kaum 100 Meter unterhalb des Zusammenflusses
von Sauer und Schmittbach, die andere am linken Ufer der
Sauer am Ostende des Dorfes Grundsteinheim. Auch am Schmittbach liegen wenig unterhalb seiner Einmündung in die Sauer
dicht beieinander eine Reihe kleiner Quellen, von denen wieder
nur eine während des ganzen Jahres Wasser hält.

Im Tale der Sauer sind unterhalb Grundsteinheim noch
an fünf verschiedenen Stellen Quicksprünge bekannt, und zwar
bei dem alten Kalkofen 1½ Kilometer nordnordöstlich und an
der Umbiegung der Sauer ¾ Kilometer östlich Ebbinghausen,
ferner in großer Zahl in Ebbinghausen selbst, sodann 1 Kilometer nordwestlich der Kleinen Mühle bei Atteln und endlich
unmittelbar bei der Kleinen Mühle kurz vor der Einmündung
in die Altenau. An letzterer Stelle finden sich eine ganze
Reihe Schwalgen, in denen der Bach zu Zeiten, wo er bis
hierher nur wenig Wasser führt, ganz verschwinden kann,
so daß dann die letzten hundert Meter vor der Einmündung
in die Altenau noch trocken liegen. An den gleichen Stellen,
die sonst das Sauerwasser verschlucken, treten aber zu Zeiten
hohen Grundwasserstandes, also etwa im Winter und Frühjahre, auch wohl im Sommer nach längerer Regenperiode, recht
beträchtliche Wassermengen aus: zum Teil liegen diese Stellen
mitten im Flußbette, zum größten Teile aber, wie das bei
Schwalglöchern die Regel ist, unter den Ufern. Zwei weitere
kleine Quicksprünge finden sich wenig westlich von hier an
der Altenau.

Quellen im Plänergebiete entlang der Altenau.

Die Quellen an der Altenau oberhalb der Amelungen-
Kapelle entspringen noch sämtlich im Cenomanmergel oder in
dessen Liegendem. Weiter abwärts sind mir im Plänergebiete
bis zur Kleinen Mühle stärkere Quellen nicht bekannt
geworden, höchstens wäre anzuführen, daß gleich nordwestlich
der Huser Mühle an der Südseite und ihr gegenüber an der
Nordseite des Altenauthales in sehr nasser Zeit etwas Wasser
quillt. Die Quicksprünge bei der Kleinen Mühle wurden schon
erwähnt.

Bei der Besprechung der Wasserführung der Altenau wurde
schon kurz auf die Quellen bei Henglarn, Gellinghausen und
Borchen hingewiesen.

Außer den sehr wasserreichen Quellen $\frac{1}{2}$ Kilometer östlich
von Henglarn finden sich noch eine Reihe von Quickspringen
im südlichen Teile des Dorfes, die allerdings nie besonders
stark fließen, und andere oft sehr wasserreiche gleich westlich
des Dorfes; unter diesen ist namentlich eine 450 Meter unterhalb des Dorfes in einer Wiese dicht unter der Chaussee entspringende hervorzuheben, die von Herbst bis Frühjahr ständig
und im allgemeinen recht stark, im Sommer nur nach länger
anhaltenden Niederschlägen fließt; ihr Wasser ist häufig trübe.

Bei Etteln liegen zwei kleine, ständig fließende und stets
klare Quellen an den Hängen hoch über der Talsohle, und
zwar am östlichen Hange der sogenannte „Born", und am
westlichen Hange 60 Meter über dem Tale der sogenannte
„Schlagborn", der aus einer Spalte des Scaphitenpläners entspringt; bis hinab in das Tal gelangt ihr Wasser jedoch nur
ausnahmsweise, gewöhnlich versiegt es schon am tieferen Hange
in Klüften des Plänerkalkes.

Auch im Dorfe Etteln quillt an einzelnen Stellen zuweilen
etwas Wasser, so z. B. aus den Klüften des Brongniartipläners
neben der Schmiede, und an anderen Stellen hat man solches
durch Brunnenbohrungen angetroffen. Ferner finden sich eine
Reihe von Quickspringen an der Umbiegung der Altenau bei
der Kluskapelle. Hier strömen aus zwei kleinen Erdfällen, von
denen einer etwa 10 Schritt entfernt vom Mühlengraben westsüdwestlich der Kluskapelle, der andere wenig nördlich des
Baches 400 Meter westlich von ihr liegt, nach Aussage der Leute
manchmal solche Wassermengen hervor, daß man damit Mühlen
treiben könnte; häufig soll dieses Wasser auch milchig-trübe
sein. Weitere Quicks unter dem Südhange des Altenautales
600 Meter westsüdwestlich der Kluskapelle liefern schon nach
verhältnismäßig geringen Niederschlägen ein stets klares, aber
recht hartes Wasser.

Weiter sind noch ein paar Wasseraustritte in den nur
kurzen, aber sehr tief in das Plateau eingeschnittenen östlichen

Nebentälern der Altenau bei Etteln anzuführen. In den beiden südlichen von diesen, dem Minstal und dem Dahlgrund, ist mir zwar nichts von Quellen bekannt geworden, wohl aber finden sich im oberen Teile des Bodelgrundes, der „Sprengelborn" und einige kleine Quicksprünge zwischen Sprengelborn und Huser Weg, und in dem bei der Kluskapelle vom Altenautale sich abzweigenden Bilkentale liegt ein kleiner Quickborn 150 Meter, und ein zweiter 1 Kilometer westlich der Kapelle.

Die wasserreichsten der Gellinghäuser Quellen sind die vier südlichsten bei der Försterei, die sich sämtlich nach heftigen Regengüssen trüben; andere schwächere liegen zwischen hier und der Gellinghäuser Mühle, wie auch etwas weiter nördlich.

Die stärksten Quellen im ganzen Plänergebiete südlich von Paderborn finden sich bei Kirchborchen am Ausgange des Ellerbachtales. Das Ellerbett liegt, wie wir schon sahen, oberhalb Kirchborchen den allergrößten Teil des Jahres ganz trocken; auch in Kirchborchen, wo es als Dorfstraße benutzt wird, führt es gar kein oder nur wenig von kleinen Quicksprüngen geliefertes Wasser. Es verläuft hier aber parallel dem Ellerbache am Südrande des Tales der am Ostende von Kirchborchen entspringende, sehr wasserreiche Mühlenbach, der sich bei den westlichsten Häusern des Dorfes in die Eller ergießt; dieser wird gespeist durch eine ganze Reihe ständig fließender Quellen, die sich, gerade wie die Paderborner Quellen, einteilen lassen in

    1. solche, die sich trüben,
    2. solche, die sich nicht trüben.

Zur ersten Kategorie gehören die Hauptquellen bei der ALFMANN'schen Mühle, die östlichsten von allen, die nach Aussage des Müllers etwa 3 Tage nach heftigeren Niederschlägen trübe werden. In ganz trockenen Sommern, namentlich wenn diesen noch ein trockenes Frühjahr voraufging, sollen selbst diese starken Quellen schon versiegt sein.

Eine Reihe sich nie trübender, ständig fließender Quellen liegt südlich des Eulenberges und speist hier einen kleinen

am Südwestende von Kirchborchen in die Altenau einmündenden Bach.

Im Anschlusse an die Kirchborchener Quellen verweise
ich noch auf zwei Quellen in Nordborchen, deren eine im
Ringgraben des von Brakel'schen Gutes, deren andere auf dem
Frank'schen Grundstücke im südlichen Teile des Dorfes entspringt; beide sollen nie versiegen, ebenso wie ein paar andere
kleine Quellen westlich Nordborchen zu beiden Seiten der
Eisenbahnbrücke über die Alme, von denen an die weiter
oberhalb im Sommer häufig trocken liegende Alme stets wieder
Wasser führt.

Es erübrigt nun noch, hier kurz auf ein paar kleine
Wasseraustritte auf der Höhe des Plänerplateaus hinzuweisen,
die uns später noch näher interessieren werden, kleine, erdfallartige Einsenkungen, die oft bis in den Hochsommer hinein
Wasser halten, die sogenannten „Wasserlöcher" und „Tränken";
solche finden sich zum Beispiel am Südrande des „Attler
Ortes" westlich Ebbinghausen, im südöstlichen Teile des Quer-
holzes nordöstlich Hamborn (der sogenannte „Finkenpfuhl"),
zwischen Hamborn und Paderborn 1 Kilometer nördlich vom
„Querturm", ferner östlich von Paderborn 400 Meter nordöstlich des „Alten Turmes" und 400 Meter östlich des Heng-
kruges.

3. Erdfälle.

Wir haben nun eine Erscheinung zu betrachten, die auf
das engste mit dem unterirdisch zirkulierenden Wasser zusammenhängt, nämlich die Erdfälle, die sich zu Hunderten in
das Plänerplateau eingesenkt finden.

Das unterirdisch zirkulierende Wasser löst, teils chemisch,
teils mechanisch, den Kalk auf, und schon Bischof[1] hat darüber
Berechnungen angestellt, welche Kalkmengen allein durch das
Wasser der Paderquellen dem Plänergebirge entzogen werden.
Er fand im Wasser der Pader unterhalb der Vereinigung der

[1] l. c. I. Aufl. S. 27. II. Aufl. S. 232.

einzelnen Quellarme $\frac{1}{250}$ des Gewichtes kohlensauren Kalk:
die Menge des pro Minute abfließenden Wassers bringt er mit
1 074 450 Pfund in Anschlag, woraus sich ein fortgeführter
Kalkgehalt von 271,4 Pfund pro Minute ergibt; hieraus
berechnet er, daß das Wasser der Pader in jedem Jahre einen
Würfel von 93 Fuß Seitenlänge dem Gebirge entzieht. Dabei
müssen im Untergrunde der Hochfläche immer neue Hohlräume
entstehen und alte sich erweitern, und das deckende Gebirge
wird hier und da einbrechen.

Derartige Hohlräume sind nun im Plänergebiete vielfach bekannt geworden und oft ist man auf sie bei der Fundamentierung
von Gebäuden, bei Anlage von Wegeinschnitten, bei Dichtung
der Schwalglöcher usw. gestoßen; so hat man neuerdings
wieder unter einem Schwalgloche an der Beke einen weiten
Hohlraum aufgedeckt, in dem nach Aussage der Arbeiter
bequem ein Haus hätte Platz finden können. Die größte bisher
in dem ganzen in Frage kommenden Gebiete bekannte Höhle
liegt bei Grundsteinheim; der Eingang zu ihr findet sich im
Steilhange über der Sauer wenig nördlich vom Ostende des
Dorfes; bei meiner Anwesenheit war sie nicht mehr zugänglich.
BISCHOF[1]) berichtet über sie nach den Angaben des Paderborner
Lokalforschers GLIDT folgendes:

> „Die Höhle findet sich oberhalb Grundsteinheim am Bergabhange,
> nicht weit vom rechten Ufer der Sauer, die zur trockenen Jahres-
> zeit noch oberhalb dieser Höhle gänzlich versinkt[2]). Sie zieht sich
> in einer Länge von ungefähr 300 Fuß fast parallel mit dem Bach-
> bette fort; in ihr vereinigen sich die Spalten, in welche die Wasser
> versinken, und sie nimmt an verschiedenen Stellen das Wasser der
> Sauer auf. Von ihrem Eingange zieht sich in der Richtung nach
> Paderborn ein Hauptgang, in welchem sich die parallel mit dem
> Bachbette laufenden Seitengänge unter spitzem Winkel vereinigen.
> Diese Seitengänge scheinen dem Hauptgange ihr Wasser zuzuführen.
> Der senkrechte Eingang in die Höhle befindet sich ungefähr 28 Fuß
> über der Talsohle. Die Sohle der Höhle liegt einige Fuß unter der
> Talsohle; die Wasser der Sauer können daher leicht von ihr auf-

[1]) l. c. I. Aufl. S. 27, II. Aufl. S. 232.

[2]) Das trifft nicht mehr zu, seitdem durch Umleitung des Baches die
undichtesten Stellen des alten Bettes umgangen werden; jetzt gelangt das
Wasser bis zum Westende von Grundsteinheim (siehe Seite 41).

genommen werden, wenn zur nassen Jahreszeit ihr Wasserspiegel hoch steht. Der Hauptgang hat eine Länge von 50 Fuß, erweitert sich allmählich bis zu 15 und 20 Fuß und schließt sich durch eine runde Erweiterung von ungefähr 30 Fuß Durchmesser. Seine Höhe ist zwischen 15 und 20 Fuß. In dem Gewölbe dieses Ganges sind senkrechte Spalten von 7—8 Fuß Weite, die sich bis 50 Fuß in die Höhe ziehen und sich auskeilen. Sie führen Wasser herunter und Tropfsteine finden sich im Gewölbe. Am nordwestlichen Ende dieses Hauptganges, das ist in der Richtung nach Paderborn, zieht sich von oben eine Spalte herab, die etwa 12 Fuß über der Höhlensohle mündet. An diese Mündung hat sich eine Lehmbank gelagert, welche beweist, daß die Wasser aus der Sauer in die Höhle, in der Richtung nach Paderborn, abfließen und an dieser Stelle ihre Trübigkeiten abgelagert haben. Die Höhle kann nur zur trockenen Jahreszeit, wenn der allgemeine Wasserstand der unterirdischen Wasseransammlung unter der Höhle steht, besucht werden. Dann hört man auch das Wasser in der Tiefe rauschen. Zur nassen Jahreszeit wird Wasser aus der Tiefe hervorquellen, und die Höhle wird überhaupt die Erscheinung der periodischen Quellen zeigen."

Die Größe und Tiefe der Erdfälle ist naturgemäß sehr verschieden; vielfach sind es nur verhältnismäßig flache Einsenkungen, andererseits finden sich aber auch bis 25 Meter tiefe und im oberflächlichen Durchmesser über 50 Schritt messende Trichter mit steil in die Tiefe gehenden Wänden. Die größte Menge der Erdfälle hat eine Tiefe von etwa 4—8 Metern; manche lassen noch eine röhren- oder spaltenartige Fortsetzung in die Tiefe erkennen. Einzelne der tiefsten Erdfälle sind vom Volksmunde mit besonderen Namen belegt worden, so die „Spielmannskuhle" zwischen Grundsteinheim und Dahl, die „Goldkuhle" westlich von Etteln.

In einzelnen Bezirken liegen die Erdfälle außerordentlich gedrängt; so zählte ich z. B. südwestlich des Brocksberges bei Schwaney auf etwa 1 Quadratkilometer Flächenraum deren 42 und an der Südwestecke des Attler Ortes auf einer Fläche von noch nicht $\frac{1}{2}$ Quadratkilometer deren 19; in anderen Bezirken liegen sie wieder sehr vereinzelt, und ausgedehnte Partien der Hochfläche sind überhaupt ganz frei von ihnen.

Die größte Menge liegt im Gebiete des Bronguiartipläners und tieferen Oberturons, im Cenoman fehlen sie so gut wie gänzlich und auch im höheren Oberturon sind sie verhältnismäßig spärlich; diese Verteilung erklärt sich

1. aus der Menge des zirkulierenden Wassers. Die Wasserführung im östlichen Cenomangebiete der Paderborner Hochfläche ist zweifellos nur eine verhältnismäßig geringe und beschränkt auf die vom Boden aufgenommenen atmosphärischen Niederschläge. Versunkenes Flußwasser kann in diese Teile kaum gelangen, da im Grunde der sie durchziehenden Täler im allgemeinen der cenomane Mergel ansteht (siehe die geologische Karte). Ein gutes Beispiel hierfür bildet die Cenomanplatte zwischen Grundsteinheim, Iggenhausen, Asseln, Hakenberg und Lichtenau, in deren Untergrunde östlich der Linie Iggenhausen-Lichtenau überhaupt kein versunkenes Flußwasser zu erwarten ist, während das westlich dieser Linie verschwindende schnell nach W. und NW., also in den Untergrund der Turonschichten weitergeführt wird;

2. aus der Aufnahmefähigkeit des zirkulierenden Wassers. Das dem Plänergebiete zugeführte Wasser entstammt der Hauptsache nach den Sandsteingebieten des Eggegebirges, ist also so gut wie frei von Kalk und wird somit nach seinem Verschwinden im kalkigen Untergrunde, namentlich solange es noch einen beträchtlichen Gehalt an freier Kohlensäure besitzt, ganz anders lösend einwirken können, als nach längerem unterirdischen Verlaufe, wo es schon mit Kalk stark gesättigt und gewiß auch der größte Teil der freien Kohlensäure verbraucht ist.

Hierdurch erkläre ich mir die verhältnismäßig geringe Anzahl der Erdfälle gerade dort, wo zweifellos die stärkste unterirdische Wasserzirkulation vorhanden ist, nämlich in dem Paderborn zunächst liegenden Plänergebiete.

Ganz vorwiegend treffen wir die Erdfälle oben auf dem Plateau oder unten in den Tälern, selten an den Hängen, wo sie bald nach ihrer Entstehung durch von oben nachstürzendes

Material wieder ausgefüllt werden. Eine Ausnahme bildet in
dieser Beziehung ein mindestens 20 Meter tiefer Erdfall am
steilen Nordhange des Beketales wenig westlich des Kleinen
Kobbennacken.

Vielfach zeigen die Erdfälle eine Anordnung nach bestimmten Linien und weisen hierdurch auf die Richtung der
unterirdischen Wasserzirkulation, der sie ihren Ursprung verdanken, hin. So finden sich z. B. zwischen Grundsteinheim
und Dahl mehrere nordsüdlich gerichtete Ketten von Erdfällen,
und andere sind zwischen dem Südrande des Dahler Holzes
und dem Haxtergrunde nordwestlich angeordnet.

4. Färbungen versinkenden Flußwassers.

Um zu ermitteln, wohin das im Pläneruntergrunde der
Paderborner Hochfläche versinkende Wasser der offenen Flußläufe seinen Weg nimmt, hat man schon früh praktische Versuche angestellt. So erwähnt Bischof[1]), daß Flachs, der bei
Dahl in den Ellerbach eingestreut wurde, nach drei Tagen in
den Paderquellen wieder zum Vorschein kam, daß ferner
Häcksel, den man in das versinkende Wasser der Beke unterhalb Neuenbeken schüttete, nach einigen Tagen in den Lippequellen zu Lippspringe wieder auftauchte.

Seit dem Jahre 1897 sind im Ursprungsgebiete der Paderquellen eine Reihe von Wasserfärbungen zur Ermittelung
des Verbleibs des versinkenden Flußwassers ausgeführt worden,
nachdem schon zwei Jahre vorher solche bei Breuken an der
Alme vorgenommen waren und den Zusammenhang des dort
verschwindenden Almewassers mit den Quellen bei Salzkotten
und Gesecke erwiesen hatten. Zur Färbung wurde in allen
Fällen das von den Höchster Farbwerken hergestellte Uraninkali benutzt, das eine sehr intensive, selbst bei einer Verdünnung
von 1 : 6000000 noch ohne weitere Hülfsmittel erkennbare,
grüne Färbung des Wassers hervorruft. Auf diese Weise ist
zweifellos festgestellt worden, daß sowohl das bei Dahl ver-

[1]) l. c. 1. Aufl. Bd. 1, S. 22.

schwindende Wasser der Eller, als das bei Grundsteinheim
verschwindende des Schmittbaches, als auch das bei Lichtenau
verschwindende der Sauer in den Paderquellen wieder zu Tage
tritt. Dabei zeigen sich aber keineswegs immer dieselben
Quellen gefärbt, sondern bei der einen Wasserfärbung diese,
bei der anderen jene; dabei sind die Färbungen bei allen
ausgeführten Versuchen nur in denjenigen Quellen
wieder aufgetreten, die nach heftigeren Niederschlägen
getrübt zu sein pflegen, so z. B. in den meisten Quellen
der Rotheborn- und Spülpader, in der Quelle beim Schlachthause, im Blauen Kolke usw.; dagegen haben die stets
klaren Quellen, wie die der Warmen Pader, die südlichsten
Dammpaderquellen, der Rotheborn, die Gitterquelle usw. bisher niemals die geringste Färbung erkennen lassen.

Im folgenden finden sich die bisherigen Färbeversuche
im Ursprungsgebiete der Paderquellen und im anschließenden
Gebiete in der Reihenfolge ihrer Ausführung zusammengestellt;
die Färbungsstellen sind in Tafel III eingetragen.

Färbungen am Ellerbache bei Dahl im Jahre 1897.

Die Färbungen des bei Dahl verschwindenden Wassers des
Ellerbaches im Jahre 1897 sind von dem Königlichen Melio-
rationsbauamte zu Münster, das mir die bezüglichen Akten
freundlichst zur Verfügung stellte, ausgeführt worden. Um dem
Wassermangel des Dorfes Dahl abzuhelfen, beabsichtigte man,
einige Schwalglöcher oberhalb des Dorfes durch Zementierung
unschädlich zu machen. Hiergegen wurde aber seitens einzelner
Paderborner Mühlenbesitzer, die dadurch eine Verringerung der
von ihnen ausgenutzten Wasserkraft der Paderquellen be-
fürchteten, Einspruch erhoben, und die Wasserfärbungen hatten
nun den Zweck, für die Entscheidung dieses Rechsstreites die
erforderlichen Grundlagen zu gewinnen.

I. Am 1. Juni 1897 wurde 1500 Meter oberhalb Dahl
1,5 Kilogramm Uraninkali in ein Schwalgloch geschüttet.

Nach 32 Stunden trat das gefärbte Wasser in Paderborn zu Tage, und zwar zuerst in der Quelle unter der
Schlachthausbrücke, sodann in einer großen Zahl von

5*

Quellen in der Rotheborn- und Spülpader, wobei einzelne sehr deutlich, andere nur in ganz geringem Grade gefärbt waren.

II. Am 3. Juni 1897 wurden 1,5 Kilogramm Uraninkali in ein Schwalgloch etwas unterhalb Dahl geschüttet.

In Paderborn zeigte sich die Färbung nach 21 Stunden in ziemlich denselben Quellen, wie beim Färbungsversuche I, nur blieb die Quelle unter der Schlachthausbrücke klar.

III. Am 11. August 1897 wurde nachmittags 3 Uhr das in den ersten Schwalgen gleich unterhalb Dahl verschwindende Wasser mit 2 Kilogramm Uraninkali gefärbt.

Die Färbung erschien am 14. August morgens $3\frac{1}{2}$ Uhr, also nach $60\frac{1}{2}$ Stunden in Paderborn in einer Reihe von Quellen der Rothebornpader (so an den Dielen, bei Rengier's Garten, am alten Johanneum, im Garten des Amtgerichts usw.) und hielt den ganzen Tag an. In den übrigen Paderquellen wurde keine Färbung bemerkt.

IV. Am 24. November 1897, vormittags $8\frac{1}{2}$ Uhr, wurde eine Färbung oberhalb Dahl 220 Meter östlich der „Unteren Mühle" ausgeführt.

Am 27. November gegen 3 Uhr nachmittags, also nach über 80 Stunden, wurde die Färbung in den Quellen am Schlachthause sichtbar; dieselbe war nur gering und abends gegen 6 Uhr wieder verschwunden. Mitternachts 12 Uhr trat die Färbung in den Quellen an den Dielen auf.

Färbungen an der Sauer bei Grundsteinheim im Winter 1898/1899.

Die Wasserfärbungen an der Sauer bei Grundsteinheim, ebenso wie die unten zu besprechende bei Lichtenau, sind von Herrn Professor Dr. Fricke ausgeführt worden.

V. Am 5. Dezember 1898, $2\frac{1}{2}$ Uhr nachmittags, wurde die erste Färbung des verschwindenden Sauerwassers in dem alten, gewöhnlich fast trockenliegenden und durch einen künstlichen Graben umgangenen Bachbette einige hundert Meter oberhalb Grundsteinheim vorgenommen.

Am 9. Dezember, morgens $7^1{}_2$ Uhr, also nach 89 Stunden, zeigte sich die Färbung in Paderborn in der Quelle unter der Schlachthausbrücke, ferner in der Spülpader (so an den Dielen und bei Rengier's Garten), um $9^1{}_2$ Uhr in Gertler's Garten, um $10^1{}_2$ Uhr im Blauen Kolke; sie hielt den ganzen Tag an.

VI. Am 10. Januar 1899, nachmittags $2^3{}_4$ Uhr, färbte Herr Fricke das in einem Schwalgloche 150 Meter unterhalb Grundsteinheim versinkende Wasser der Sauer.

Am 12. Januar, $11^1{}_2$ Uhr vormittags, also nach etwa 44 Stunden, zeigten ausser den bei V gefärbten Quellen auch noch einige näher dem Rotheborn gelegene Quellen der Spülpader die Färbung.

Färbung an der Sauer bei Lichtenau im Juni 1899.

VII. Am 15. Juni 1899, $4^1{}_2$ Uhr nachmittags, wurde 400 Meter unterhalb Lichtenau durch Herrn Fricke eine Färbung des verschwindenden Wassers der Sauer ausgeführt.

Am 18. Juni, morgens 6 Uhr — also nach $61\frac{1}{2}$ Stunden — trat die Färbung in den Paderquellen auf, und zwar zunächst wieder in der Umgebung der Dielen und am Schlachthause.

Um 4 Uhr nachmittags zeigten noch
> deutlichere Fluorescenz: die Quellen an den Dielen, die Quelle an Rengier's Garten, einzelne Quellen am alten Hebammeninstitute, also nur Quellen der Spülpader;
> schwächere Fluorescenz: andere Quellen am alten Hebammeninstitute, die Quellen in Gertler's Garten und unter der Schlachthausbrücke und die Quellen am Amtsgerichte (Rothebornpader).

Der Blaue Kolk ist damals leider nicht näher untersucht worden. Zweifellos ungefärbt waren u. a. die
Quellen der Börnepader und an der Bleiche.

**Färbung an der Mündung der Sauer in die Altenau
bei der Kleinen Mühle bei Atteln im Oktober 1901.**

VIII. Es wurde schon bei der Besprechung der Quellaustritte
entlang der Sauer darauf hingewiesen, daß sich bei
der Kleinen Mühle im Bachbette der Sauer kurz vor
der Einmündung in die Altenau eine Reihe von Schwalglöchern finden, die zu Zeiten hohen Grundwasserstandes ziemlich beträchtliche Wassermengen ausströmen lassen. Der Gedanke liegt nahe, daß diese
zeitweiligen Quellaustritte Überläufe eines Grundwasserstromes sind, der zu anderen Zeiten das versinkende Flußwasser in sich aufnimmt.

Bei meiner Anwesenheit im Oktober 1901 lag die
Sauer bei der Kleinen Mühle trocken. Etwas oberhalb
der Vereinigungsstelle von Sauer und Altenau leitete
ich nun einen Teil des Wassers der letzteren mit
freundlicher Unterstützung des Herrn Mühlenbesitzer
ISING in das trockene Bett der Sauer ab, und zwar
gerade so viel, wie von den Schwalgen kurz vor der
Sauermündung noch geschluckt werden konnte, so daß
also nichts davon in die Altenau zurückgelangte.
Dieses abgeleitete und durch die Schwalgen dem bei
der Kleinen Mühle durchsetzenden Untergrundstrome
zugeführte Wasser färbte ich am 16. Oktober, morgens
½10 Uhr, mit 3 Kilogramm Uraninkali.

In der Frühe des 18. Oktober kam die Färbung in
Kirchborchen und Nordborchen wieder zum Vorschein,
und zwar in allen denjenigen Quellen, die sich
nach heftigen Niederschlägen zu trüben pflegen,
während die mitten zwischen diesen liegenden
stets klaren Quellen nicht die geringste Färbung aufwiesen. Die Färbung hielt bis gegen Abend
an. Sie war so intensiv, daß selbst in der Lippe, in

die schließlich der Abfluß der Borchener Quellen durch
die Altenau und die Alme gelangt, noch weit unterhalb
Neuhaus deutlichst die Fluorescenz zu erkennen war.

Färbung am Ellerbache 2 Kilometer südwestlich Schwaney im November 1901.

IX. Am 9. November 1901, morgens 10 Uhr, färbte ich
etwa 2 Kilometer südwestlich Schwaney — 300 Meter
südlich Bestemeyer's Gehöft — das in einem Schwalgloche unter der linken Bachböschung versinkende
Wasser.

Die Färbung erschien 86 Stunden später in der
Frühe des 13. November in Paderborn in der Quelle
unter der Schlachthausbrücke und in der Spülpader,
war hier aber nach wenigen Stunden wieder verschwunden. Von morgens 10 Uhr an zeigte sie sich
für einige Zeit ziemlich stark im Blauen Kolke.

Ob auch die Börnepader damals gefärbt gewesen
ist, muß fraglich bleiben; aus ihr waren in der Nacht
zum 13. von Beamten der Stadtverwaltung, von denen
ich überhaupt bei der Kontrolle der Quellen nach den
Färbeversuchen aufs freundlichste unterstützt worden
bin, um 12 Uhr, 3 Uhr und 5 Uhr Proben entnommen
worden: die erste von diesen erwies sich am andern
Morgen als sehr stark gefärbt, die zweite und dritte
zeigten auch nicht die geringste Färbung. Ein derartig kurzes Anhalten einer so starken Färbung wäre
aber so auffällig, daß ich eher an eine Verwechslung
der den Proben beigefügten Zettel glauben und annehmen möchte, daß die fragliche Probe von 12 Uhr
nachts vielleicht in der Spülpader oder unter der
Schlachthausbrücke entnommen ist.

Färbung an der Sauer südwestlich Ebbinghausen im April 1902.

X. Auf meine Bitte hat Herr Professor Fricke die Freundlichkeit gehabt, 850 Meter unterhalb (südwestlich)

Ebbinghausen zu einer Zeit, wo nach längeren Niederschlägen die Sauer gerade bis hierhin Wasser führte,
am 15. April nachmittags 3 Uhr, das versickernde
Flußwasser zu färben. Die Färbung erschien in der
Frühe des 17. April in den östlichsten Quellen von
Kirchborchen, so in den Quellen bei ALTMANN's Mühle
und in denen im Ellerbette nördlich der Mühle, ferner
in Nordborchen in den beiden Quellen, die auch bei
der Färbung VIII die Fluorescenz gezeigt hatten. Die
übrigen Kirchborchener Quellen sollen dieses Mal nicht
gefärbt gewesen sein.

IV. Über den Weg der unterirdischen Wasserzirkulation in der Paderborner Hochfläche.

Es hat sich gezeigt, daß für die Wasserzirkulation im Paderborner Plänergebirge die ihm eingelagerten Mergelschichten von ganz untergeordneter Bedeutung sind. Würde eine irgendwie beträchtlichere Wasserzirkulation über diesen vor sich gehen, so müßten sich doch hier und da auch an ihrer Grenze gegen den überlagernden Pläner Schichtquellen beobachten lassen. Solche fehlen aber über den ca. 25 Meter mächtigen Mergeln des untersten Turon so gut wie gänzlich, und zwar deshalb, weil auch der Mytiloidesmergel gleich dem Plänerkalke sehr stark von Klüften durchzogen ist und so nur sehr unvollkommen das weitere Versinken des auf seine Oberfläche aus den überlagernden Schichten gelangenden Wassers verhindern kann. Wie stark zerklüftet der Mytiloidesmergel ist, ergiebt sich z. B. daraus, daß der Ellerbach auch dort, wo Mytiloidesmergel an seinem Grunde ansteht, ganz erhebliche Wassermengen verliert. Dem zur Seite zu stellen ist eine Beobachtung am südlichen Kottenberge westlich der Domäne Dahlheim, wo im höheren Niveau des Mytiloideshanges dicht unter dem Brongniartipläner eine Reihe kleiner Quellen entspringen, deren Wasser in etwas tieferem Niveau schon wieder in Klüften des Mergels verschwindet. Nun enthält aber, wie wir im geologischen Teile gesehen haben, die Mytiloideszone die einzigen etwas mächtigeren Mergel in der ganzen Schichtfolge zwischen den Cenomanmergeln und dem Senon, und somit ist auch im ganzen Plänergebirge im Hangenden des

Unteren Cenoman eine irgendwie bedeutendere Wasserführung entlang Schichtflächen nicht zu erwarten; höchstens hält sich über einzelnen dünnen Mergelzwischenlagerungen des Cuieriplaner hier und da etwas Sammelwasser, doch nirgends in bedeutenderer Menge.

Zwar ist auch der Cenomanmergel von ziemlich bröckeliger Struktur, bedingt aber dennoch einen einigermaßen guten Wasserhorizont, wie sich schon daraus ergiebt, daß an seiner Grenze gegen den klüftigen cenomanen Pläner vielfach Quellaustritte zu beobachten sind.

Aber selbst wenn die Mergellagen im jüngeren Pläner auf weitere Erstreckung undurchlässig wären, könnte ihnen keine wesentliche Bedeutung für die Wasserführung zufallen, da das ganze Plänergebirge von einer großen Zahl von Spaltensystemen durchzogen ist; gewiß würde sich das von oben bis auf die Mergellagen eindringende Wasser auf diesen mit ihrem Einfallen einige Zeit fortbewegen, dann aber an eine solche Spalte gelangen und von dieser aufgenommen und weitergeführt werden.

Somit ist die Wasserführung im Untergrunde der Paderborner Hochfläche im allgemeinen unabhängig von den mergeligen Zwischenlagen des Plänergebirges.

Wie wir schon sahen, finden sich in benachbarten Teilen ein und desselben Wassersystems sehr beträchtliche Niveauunterschiede. Das zeigt sich zum Beispiel schon darin, daß benachbarte, von demselben Wassersysteme gespeiste Quickspringe nicht gleichzeitig zu fließen anfangen, sondern der eine vielleicht schon nach geringen Niederschlägen, also schon nach ganz unbeträchtlicher Steigerung des allgemeinen Wasserniveaus im Boden, der andere erst nach lang anhaltender Regenperiode. So fließt zum Beispiel im Bereiche des Grundsteinheim-Dahler Wassersystemes im Grunde des Sauerthales der südlichste und höchstgelegene der dortigen Quickspringe oft zu Zeiten, wo andere nördlicher und tiefer liegende trocken sind; so entspringen südlich Iggenhausen am Schmittbache dicht nebeneinander drei kleine Quellen, von denen zwei oft versiegen, während die dritte ständig fließt, das Wasserniveau der sie speisenden Spalte also nie unter Terrain sinkt, und ähnliche Beispiele lassen sich auch sonst im Paderborner Plänergebiete vielfach nachweisen. Stände in einem solchen Wassersysteme der Wasserspiegel überall gleich hoch, so müßten in gleichem Niveau liegende Quickspringe auch gleichzeitig zu fließen beginnen und aufhören.

Ein unterirdischer Wasserlauf im Plänergebirge muß also aus einer ganzen Anzahl einzelner, von einander mehr oder weniger unabhängiger Wasserfäden bestehen, die durch zwischenliegende Gesteinspartien von einander getrennt sind, und ist somit gebunden an ein System im allgemeinen ziemlich gleichsinnig verlaufender Spalten und Klüfte, die hier und da gewiß mit einander kommunizieren, zwischen denen aber in anderen Fällen zweifellos kein Wasseraustausch stattfinden kann. Von diesen Verhältnissen wird in einem späteren Kapitel noch die Rede sein.

Somit gibt also der Verlauf der Verwerfungssysteme den besten Anhalt zur Erkennung der Wege der unterirdischen Wasserzirkulation. Nun haben wir aber im geologischen Teile gesehen, daß das Plänergebiet, namentlich das uns ganz besonders interessierende näher nach Paderborn zu, außerordentlich regelmäßig aufgebaut ist. Lang aushaltende Spaltenzüge sind hier zweifellos vorhanden, aber an diesen ist es nicht zu Verschiebungen von Gebirgspartien gegeneinander gekommen, sie sind also nicht zugleich Verwerfungen, und damit ist ihre Festlegung durch geologische Kartierung nicht möglich. In solchen Fällen zeigen Quellen und Erdfälle allein den Weg der Wasserführung an und lassen dort, wo sie in größerer Zahl auftreten, auch wohlbegründete Schlüsse zu; in anderen Fällen ist aber die Zahl der Anhaltspunkte zur Bestimmung der unterirdischen Wasserwege eine nur recht geringe; und mag das in Tafel III gegebene Bild der Wasserzirkulation im Untergrunde der Paderborner Hochfläche im allgemeinen auch das richtige treffen, so sind Unstimmigkeiten im einzelnen ganz gewiß nicht ausgeschlossen. Sämtliche Anhaltspunkte, die sich für die Festlegung der unterirdischen Wasserläufe gewinnen ließen, finden sich in Tafel III eingetragen.

Bei der Besprechung der Erdfälle wurde schon kurz hervorgehoben, daß diese vielfach eine Anordnung nach bestimmten Linien erkennen lassen, und als Beispiele hierfür auf nord-südlich gerichtete Ketten von Erdfällen zwischen Grundsteinheim und Dahl und auf einen südost-nordwestlichen Zug von Erdfällen zwischen der Südwestecke des Dahler Holzes und dem Haxtergrunde hingewiesen. Überhaupt ist die Verbreitung der Erdfälle nur an bestimmte Zonen geknüpft, die durch breite, von Erdfällen freie Partien getrennt sind. Wo nun diese Zonen von tiefen Tälern gekreuzt werden, finden sich vielfach Quellen, seien es ständig fließende, seien es, wie in den allermeisten Fällen, temporäre. So liegen zum Beispiel nordwestlich von Grundsteinheim zwischen dem Hahnenberge und dem Merschetale gegen 20 Erdfälle in einer schmalen, nord-südlich verlaufenden Zone, östlich deren sie auf der Plänerhochfläche ganz fehlen, während sie nach W. ein Zwischenraum von immerhin 600 Metern und mehr von anderen ähnlich verlaufenden Zonen trennt. Durchschnittlich 100 Meter unter der Höhenlage dieser Erdfälle finden sich in der südlichen Verlängerung ihrer Zone im Vereinigungsgebiete von Sauer und Schmittwasser in der Tiefe der Täler eine ganze Zahl von Quellen und Quickspringen. Gewiß sind diese Quellen aber die Überläufe desselben Wassersystemes, das weiter nördlich in der Tiefe des Reischlagsberges den Kalk auflöst und dadurch das Einbrechen der Erdfälle hervorruft. Die Nord-Süd-Richtung der Wasserzirkulation ist nun keineswegs eine zufällige, sondern begründet in den tektonischen Verhältnissen des Gebietes. Zwar können bei dem ganz regelmäßigen Verlaufe der im Terrain so leicht und scharf zu verfolgenden Grenze von Mytiloidesmergel und Brongniartipläner am Hahnen- und Mölkeberge nennenswerte Schichtenverschiebungen in der Zone der Quellen und Erdfälle nicht vorhanden sein, und auch bei der genaueren Spezialkartierung hat sich hier tatsächlich nichts derartiges nachweisen lassen; wohl aber finden sich eine Reihe tiefer und zum Teil auch weiter Nord-Süd-

Spalten, an denen es eben nicht zu Schichtenverschiebungen gekommen ist, die also nicht zugleich Verwerfungen sind. Gleichsinnig mit ihnen verlaufen aber wenig weiter westlich andere, die
sich durch Schichtenverschiebungen zu erkennen geben; und sind
diese demnach Teile der die Plänerhochfläche durchsetzenden
tektonischen Bruchsysteme, so dürfte das für ihre Parallelspalten etwas weiter östlich gleichfalls zutreffen.

Die Erdfälle auf der Plänerhochfläche zeugen also von einer
Wasserzirkulation in ihrem Untergrunde, und ihre zonenweise
Anordnung erlaubt Rückschlüsse auf die Richtung der Wassersysteme; im Schnitt mit den tief in die Hochfläche eingeschnittenen Talsystemen gibt sich die Lage dieser Wassersysteme durch Quellen zu erkennen, und zwar sind es in
den allermeisten Fällen einfache Überlaufquellen an solchen
Stellen, wo das Wasserniveau der Spalten die Tagesoberfläche
erreicht.

Weisen einerseits die Quellenaustritte im Grunde der
Täler auf eine Wasserzirkulation in ihrem Untergrunde hin, so
bildet das Fehlen solcher in vielleicht noch tiefer liegenden
Teilen keineswegs einen Beweis dafür, daß dort keine unterirdische Wasserzirkulation vor sich geht. So erfolgt zum
Beispiel im tief eingeschnittenen Ellerbachtale vom Haxtergrunde bis hinaus über den Grenberg selbst in sehr nassen
Frühjahren, wo sonst alle Quickspringe fließen, nicht der
geringste Wasseraustritt, obwohl an mehreren Stellen unterirdische Wassersysteme den Lauf des Tales kreuzen; deren
Wasserstand ist eben so niedrig, das selbst nach sehr gesteigerter
Wasserzuführung der Grund des Ellerbachtales nicht erreicht
wird.

Die Kirchborchener Quellen liegen in einer etwa
1 Kilometer breiten Zone im Tale des Ellerbaches kurz vor
dessen Einmündung in die Altenau. In ihrer Nachbarschaft
sind eine Reihe südsüdost-nordnordwestlich gerichteter Verwerfungen nachweisbar, mit denen diese Quellen ganz zweifellos
zusammenhängen. In der Karte eingetragen sind nur diejenigen
mit etwas größerer Sprunghöhe; damit ist ihre Zahl aber
keineswegs erschöpft, vielmehr zeigen die Aufschlüsse entlang

der Chaussee zwischen dem Nordwestausgange des Dorfes und
der Lirre'schen Mühle, daß dort eine Spalte neben der anderen
das Plänergebirge durchzieht, dabei aber die Grenze zwischen
Brongniarti- und Scaphitenpläner um so geringe Beträge verwirft, daß sie in dem großen Maßstabe unserer geologischen
Karte nicht zum Ausdrucke kommen kann. Manche dieser
Spalten klaffen weit und sind mit Gesteinsbrocken und Erd-
massen erfüllt; an vielen ist überhaupt keine Schichten-
verschiebung zu erkennen. Das Streichen aller dieser Spalten
geht gleichfalls nordnordwestlich, etwa in hora 10. Im nördlichen Fortstreichen dieser Bruchzone liegen ein paar Quellaustritte im Dorfe Nordborchen und nordwestlich davon, die
gewiß von demselben Wassersysteme wie die Kirchborchener
Quellen gespeist werden; tatsächlich haben sich ja auch bei den
Färbungen VIII und X die Nordborchener Quellen neben
denen zu Kirchborchen gefärbt gezeigt.

In der südlichen Verlängerung der Kirchborchener Verwerfungen waren bis zur Kluskapelle keine Schichtenverschiebungen zu erkennen; ob solche ganz fehlen, lasse ich
dahingestellt, da an der überhaupt nur schwer festzulegenden
Grenze zwischen Scaphiten- und Cuvieripläner Verwerfungen
von nur geringem Ausmaße ohne besonders glückliche Aufschlüsse kaum nachzuweisen sind. Wohl aber sind südlich der
Kluskapelle an dem Osthange des Altenautales bei Etteln
Schichtenverschiebungen zu erkennen, die zweifellos mit den
gleichgerichteten und in ihrer Verlängerung liegenden Kirchborchener Verwerfungen einem gemeinsamen Spaltensysteme
angehören; wo dieses bei der Kluskapelle das Tal der Altenau
schneidet, liegen eine Reihe von Quickspringen, von denen
einzelne temporär außerordentlich wasserreich sind. Eine große
Ähnlichkeit mit den Kirchborchener Quellen zeigen sie insofern,
als zwei von ihnen, und zwar die beiden dicht bei einander
liegenden, am Fuße des steilen Südhanges der Altenau stets
klar sind, während die anderen häufig stark milchige bis
schmutzige Trübung zeigen.

Wo nun die südliche Verlängerung des Kirchborchen-
Etteler Spaltensystemes das Vereinigungsgebiet von Sauer

und Altenau kreuzt, finden sich mehrere temporäre Quellen, und es liegt nahe, auch diese ebenso wie die Erdfälle auf dem Plateau zwischen hier und Etteln mit dem die Borchener Quellen speisenden Wassersysteme in Zusammenhang zu bringen. Dieses ist nun durch die von mir im Herbst 1901 ausgeführte Färbung bei der Kleinen Mühle aufs beste bestätigt worden (siehe Färbung VIII): besonders günstige Umstände haben es ermöglicht, die Färbung dem unter der Kleinen Mühle hersetzenden Wasserlaufe unmittelbar zuzuführen, die dann nach weniger als zwei Tagen in Kirchborchen und Nordborchen wieder zum Vorschein kam. Leider lagen zur Zeit der Färbung die Quellen bei der Kluskapelle trocken; aber ich halte es für sehr wahrscheinlich, daß sich bei einer Wiederholung des Versuches zu Zeiten, wo diese fließen, auch hier – wenigstens in den oft trüben Quellen — die Färbung zeigen wird.

Das eben betrachtete Wassersystem ist nun nicht das einzige, das zu den Borchener Quellen hinführt, sondern mit ihm scheinen sich noch eine Reihe anderer in ähnlicher Weise zu scharen, wie auch sonst Scharungen von Verwerfungs- und Spaltensystemen vorkommen, wie sie im Gebiete unserer geologischen Übersichtskarte zum Beispiel zwischen Kleinenberg und Blankenrode mehrfach zu beobachten sind.

So setzen östlich der Kleinen Mühle, nördlich von Husen ein paar nord-südlich gerichtete kleine Verwerfungen auf, mit denen gleichfalls Wasseraustritte zu Zeiten hohen Grundwasserstandes zusammenhängen; in ihrer Verlängerung liegt nördlich des Sauertales auf dem Plateau westlich des „Attler Ortes" eine grosse Zahl zum Teil recht tiefer Erdfälle, die von einer lebhaften Wasserzirkulation in der Tiefe Zeugnis geben. Ich habe aber den Eindruck, daß dieses Wassersystem mit dem zuerst betrachteten aus gemeinsamer, von Husen nach S. fortsetzender Wurzel entspringt, wie es sich nördlich Etteln mit diesem auch wieder vereinigt, daß beide also gewissermaßen ein einheitliches Wassersystem bilden, inmitten dessen sich eine etwas breitere mehr oder weniger wasserfreie Gebirgspartie einschiebt, wie ja auch sonst Bruchsysteme häufig unverworfene Partien allseitig umschliessen. Mit

dem östlichen Zweige dieses großen Wassersystems hängen
aber gewiß auch die Quellaustritte und Erdfälle in der Gegend
des Sprengelborn und der kleine Quickspring im Bilkentale
zusammen, und daß es zu den Kirchborchener Quellen hinführt,
ist durch die Färbung X südwestlich von Ebbinghausen bewiesen worden, die entsprechend der randlichen Lage des
Färbepunktes innerhalb der Zuführungssysteme der Borchener
Quellen nur in den östlichsten bei ALTMANN's Mühle wieder
zum Vorschein gekommen ist.

Über die südliche Fortsetzung dieses Wassersystemes über
Husen hinaus sind allzu sichere Angaben nicht zu machen,
da Quellen und Erdfälle hier nur in beschränkter Zahl vorhanden sind und Schichtenverschiebungen sich überhaupt nicht
nachweisen ließen. Es liegen hier aber der Erdfall im Apfel-
baumsgrunde und die Quellen in der Wolfskuhle, beim Forellen-
teiche, in den Schalkswiesen und südlich Dahlheim in einer
etwa hora 11 gerichteten Linie, deren nördliche Verlängerung
direkt auf das Husen-Kirchborchener Wassersystem hinführt,
und somit liegt hier vielleicht dessen südliche Fortsetzung; ihre
Richtung stimmt auch durchaus mit der des weiter westlich
liegenden Blankenroder Nord-Süd-Bruches überein, und es ist
die Annahme wohl begründet, daß auch hier gleichsinnig gerichtete Gebirgsspalten ansetzen, an denen aber keine Schichtenverschiebungen eingetreten sind. Über die Wasserzirkulation
im Untergrunde der Erdfälle südlich Dahlheim habe ich kein
zuverlässiges Bild gewinnen können; auch sie wird wohl nord-
südlich gerichtet sein und zum Husen-Kirchborchener Wassersysteme hinführen. Dieses erhält auch zweifellos aus dem Gebiete
südlich der Linie Kirchborchen-Etteln-Atteln noch Zuflüsse,
wo starke Quellen und Erdfälle auf beträchtliche Wasserzirkulation, deren allgemeine Richtung Nord-Süd-Verwerfungen
anzeigen, schließen lassen. Leider habe ich bei meinen vorwiegend den Paderquellen gewidmeten Untersuchungen nicht
die Zeit gefunden, mich auch mit den Verhältnissen hier ein-
gehender zu befassen.

Die unterirdischen Wassersysteme im Plänergebiete östlich
des Husen-Kirchborchener führen hin zu den Paderquellen.

Von besonderem Interesse für die Frage der Wasserzuführung zu den Paderquellen ist die schon im Abschnitte über die Tektonik des Gebietes erwähnte Verwerfung zwischen Busch und dem Quergrunde nördlich Hamborn. An ihr ist ein Abbruch des nördlich liegenden Gebietes gegen das südliche eingetreten, über dessen Sprunghöhe nichts sicheres zu sagen ist, da fraglich bleibt, welchem Niveau des Cuveripläner die nördlich des Bruches liegenden Schichten angehören. Im Quergrunde verwirft er die jüngsten Brongniartischichten gegen Cuveripläner, südöstlich davon Scaphitenschichten und zwar um so jüngere, je weiter nach SO.; seine Sprunghöhe vermindert sich dabei erheblich, und in der Gegend des Mollerberges südlich Busch ist er überhaupt nicht mehr nachweisbar. Auch seine Fortsetzung nordwestlich des Quergrundes ist in der mächtigen und petrographisch so gleichmäßigen Schichtenfolge des Cuveripläner durch die geologische Kartierung nicht zu bestimmen, wohl aber ergibt sie sich aus der Lage der Erdfallzüge am Haxterberge und anschließenden Bockfelde.

Eine solche Hauptverwerfung ist aber von einer großen Zahl paralleler Spalten begleitet, und somit durchzieht gewiß auch ein ganzes Spaltensystem in südost-nordwestlicher Richtung die Paderborner Hochfläche westlich und südwestlich der „trockenen" Dörfer Dörenhagen, Eggeringhausen und Busch, schneidet das Ellerbachtal im Quergrunde nördlich Hamborn und wendet sich dann unter Annahme einer mehr nördlichen Richtung nach Paderborn. Die Breite dieses Spaltensystemes ergibt sich aus der Verteilung der Erdfälle westlich Dörenhagen und zwischen Dörenhagen und Paderborn; der Wasserspiegel liegt hier tief unter Terrain, denn irgendwie beträchtlichere Quellaustritte sind selbst zur feuchtesten Jahreszeit im Quergrunde nicht zu beobachten. Wohl aber finden sich Quellaustritte in der südöstlichen Verlängerung des Spaltensystems im Sauertale. Hier fehlen allerdings nachweisbare Schichtenverschiebungen, und so ist der Verlauf der Spaltensysteme nicht mit der Genauigkeit wie weiter nördlich festzulegen. Die Lage der Quellen und Erdfälle läßt aber darauf schließen, daß südlich Busch eine Gabelung des weiter nördlich einheitlichen Spalten-

systems erfolgt, und daß das nördliche dieser Zweigsysteme
eine zweite Gabelung nordwestlich Lichtenau erfährt, daß
also das Busch-Paderborner Wassersystem aus der Vereinigung von drei Hauptarmen hervorgeht. Mit dem westlichsten dürften die Quellaustritte in Ebbinghausen und diejenigen etwas oberhalb des Dorfes zusammenhängen, ferner eine
große Zahl von Erdfällen nordöstlich des Attler Ortes, mit
dem mittleren die temporären Quellen am Ellerbache 1½ Kilometer nordnordöstlich Ebbinghausen und eine große Zahl von
Erdfällen, die zwischen dem Lichtenauer Walde und dem Huserklee in einer nord-südlichen Zone angeordnet sind; in derselben Zone liegt am Huserklee ein kleiner Grabeneinbruch
turoner Schichten in cenomanem Pläner, der nach S. in eine
bis zur Diemel zu verfolgende Verwerfung ausläuft; wo diese
am südlichen Boddenberge das Tal der Altenau schneidet,
entspringen starke Quellen. Mit dem westlichen der sich
bei Busch vereinigenden Zweige des Busch-Paderborner
Systemes dürfte eine große Zahl zum Teil recht tiefer Erdfälle
nordnordwestlich von Lichtenau zusammenhängen; die Fortsetzung dieses Zweiges gibt sich südlich Lichtenau durch Verwerfungen zu erkennen, die bis zum Holtheimer Berge etwa
nord-südlich, am Marschallshagen aber mehr südöstlich gerichtet sind.

Innerhalb des Busch-Paderborner Wassersystemes und
seiner südlichen Fortsetzungen ist bisher noch keine erfolg-
reiche Wasserfärbung ausgeführt worden. Wohl verliert die
Altenau schon hier nicht unerhebliche Wassermengen, doch
nirgends in über Tage erkennbaren Schwalglöchern, sondern zunächst im Kiese ihres Untergrundes, und so ist hier keine
Färbung anzusetzen; die Sauer führt aber südlich Busch den
größten Teil des Jahres überhaupt kein Wasser. Zwar habe ich
im Frühjahr 1902 einen Färbeversuch angestellt, als die Quickspringe 600 Meter nordwestlich Ebbinghausen etwas Wasser
lieferten, das wenige Meter unterhalb schon wieder in Spalten
des Pläner verschwand; aber die Färbung ist nicht wieder zum
Vorschein gekommen, was bei der geringen Menge des gefärbten
Wassers auch nicht zu verwundern ist.

Nun führen aber, wie wir sahen, die Wassersysteme westlich Ebbinghausen zu den Borchener Quellen, und alle östlich des Busch-Paderborner Wassersystemes ausgeführten Färbungen sind in der östlichen Quellenzone der Paderquellen wieder zu Tage getreten. So kann es kaum einem Zweifel unterliegen, daß das Busch-Paderborner Wassersystem zu der westlichen Quellzone der Paderquellen hinführt, daß von ihm also Börnepader, Dammpader und Warme Pader gespeist werden. Sollte später einmal eine Färbung etwas größerer Wassermengen im Sauertale bei Ebbinghausen oder weiter oberhalb zu Zeiten ausgeführt werden, wo der Bach gerade bis hierher Wasser führt, so wird diese aller Voraussicht nach in den bisher — abgesehen vom Blauen Kolke — niemals gefärbt gewesenen westlichen Paderquellen zu Tage treten. Sehr auffällig ist allerdings, daß zwei von den acht im Ursprungsgebiete der östlichen Paderquellen ausgeführten Färbungen sich auch im Blauen Kolke gezeigt haben, wenn auch nur in ganz schwacher Weise; danach ist die unterirdische Wasserscheide zwischen den Ursprungsgebieten der beiden Quellenzonen nicht ganz scharf, sondern in sehr beschränkter Weise kommen auch Kommunikationen der Spaltensysteme über sie hinweg zustande, wenn auch wahrscheinlich erst kurz vor dem Zutagetreten der Quellen, also wohl erst im Untergrunde der Stadt Paderborn.

In der Linie Paderborn-Hamborn-Ebbinghausen-Dahlheim verläuft also eine der Hauptwasserscheiden der Paderborner Hochfläche, östlich deren die unterirdische Wasserzirkulation zu den Paderquellen, westlich deren sie zu den Kirchborchener Quellen hinführt; nur der westlich dieser Wasserscheide gelegene Teil des Bockfeldes zwischen Nordborchen und Paderborn scheint noch nach anderen Quellen entwässert zu werden, so zum Beispiel in seiner östlichsten Partie zum Riemekekolke. Offenes Flußwasser kann in diese Partie höchstens zu Zeiten gelangen, wo der Ellerbach über Hamborn hinaus Wasser führt, während sonst nur das Wasser der atmosphärischen Niederschläge hier zirkuliert; da nun, wie wir später noch näher sehen werden, im

6*

allgemeinen nur diejenigen Quellen, in die versunkenes Flußwasser gelangt, sich getrübt zeigen, so erklärt es sich, daß der
Riemekekolk stets klares Wasser führt.

In unmittelbarer Nähe des Gutes Hamborn finden sich
mitten zwischen dem Husen-Kirchborchener und dem Busch-
Paderborner Wassersysteme einige Quickspringe an der Chaussee
nach Kirchborchen, und auch ein paar Erdfälle sind nach
freundlicher Mitteilung des Besitzers des Gutes, Freiherrn von
Droste-Hülshoff, hier in früherer Zeit gefallen, später aber
wieder eingeebnet worden. Die geologischen Verhältnisse sind
hier außerordentlich regelmäßig, wie der Verlauf der Klippen
des untersten Scaphitenpläner an den Hängen des Ellerbachtales
auf's deutlichste zeigt, und so gibt sich die Richtung der
Spalten, mit denen die Quellaustritte und Erdfälle bei Hamborn
zusammenhängen mögen, oberflächlich nicht zu erkennen. Wir
werden nun später sehen, daß auch außerhalb der Hauptwassersysteme Erdfälle und Wasseraustritte vorkommen, daß
also die Wasserzirkulation nicht überall an die lang aushaltenden
tektonischen Spaltensysteme geknüpft ist, sondern hier und
da auch in Kanälen vor sich geht, die sich das Wasser außerhalb der Hauptspaltensysteme durch Auflösung des Kalkes
an irgend welchen Querrissen allmählich selbst geschaffen hat;
nicht unmöglich erscheint es, daß ein solcher Fall auch hier
vorliegt, die Wasseraustritte bei Hamborn also die Überläufe von unterirdischen „Erosionsrinnen" sind, die von hier
zum Husen-Kirchborchener oder Busch-Paderborner Wassersysteme hinführen; vielleicht hängen sie aber auch mit Nord-
Süd-Spalten zusammen, die sich mit dem Busch-Paderborner
Systeme scharen oder zu Quellen westlich der Warmen Pader,
vielleicht zum Riemekekolke, hinführen.

Im Gebiete östlich des Busch-Paderborner Wassersystemes gibt sich ein südost-nordwestlich gerichteter unterirdischer Wasserlauf durch die Anordnung der Erdfälle zwischen
Dahler Holz und Haxtergrund zu erkennen, der südlich des
Dahler Holzes in die Nord-Süd-Richtung einbiegt und gleich
westlich Grundsteinheim das Tal der Sauer schneidet. Sein
Niveau liegt derartig tief, daß weder im Schnitt mit dem Sauer-

tale, noch mit dem Haxtergrunde (Ellerbachtal), irgend welcher Wasseraustritt erfolgt. Der Verlauf südlich des Dahler Holzes kennzeichnet sich über Tage sowohl durch zahlreiche, zum Teil in deutlich erkennbarer Weise nord-südlich angeordnete Erdfälle, als auch durch mehrere Verwerfungen, deren Sprung-höhe stellenweise nicht ganz unbeträchtlich ist. Genau in der Verlängerung des Bruches, der am Düsterberge die Kalke des obersten Cenoman neben Brongniartipläner legt, führt ein anderer gleich westlich Lichtenau zu Verschiebungen in den Grenzschichten von Cenoman und Turon, und gewiß ist der eine die Fortsetzung des anderen. Wenig westlich des Bruches bei Lichtenau liegt aber ein zweiter, der schon zum Busch-Paderborner Systeme gehört, und somit muß zwischen diesen beiden die geologische Wasserscheide zwischen der östlichen und der westlichen Paderquellenzone liegen; übrigens ist diese Wasserscheide südlich von hier nicht mehr scharf, denn erstens verbinden Querbrüche die Spalten des einen Systemes mit denen des anderen, und zweitens scheint der östliche der beiden Brüche bei Lichtenau seine Verlänge-rung in einem Nord-Süd-Bruche zu finden, der sich schließlich am Südhange des Buchholzes mit dem, wie wir oben sahen, zum Busch-Paderborner Systeme hinführenden Bruche am Marschallshagen schart.

Im Bereiche des Lichtenau-Grundsteinheim-Pader-borner Systemes sind bisher zwei Färbungen ausgeführt worden, die Färbung VI bei Grundsteinheim und die Färbung VII bei Lichtenau, und in beiden Fällen ist die Färbung wieder in den beiden östlichen Quellarmen der Pader, in der Spülpader und der Rothebornpader, ferner in GERTLER's Garten und unter der Schlachthausbrücke aufgetreten. Färbung VI zeigte sich auch im Blauen Kolke, während bei Färbung VII dessen genaue Beobachtung leider versäumt wurde.

In der Tiefe des Plateaus liegen also in der Gegend der „trockenen" Dörfer zwei einigermaßen gleichsinnig gerichtete Wassersysteme, das eine südlich und das andere nördlich von ihnen, die durch eine 2—3 Kilometer breite, an Quellaustritten ganz, an Erdfällen fast ganz freie Partie getrennt werden.

Wenig östlich und nordöstlich des Lichtenau-Grundsteinheim-Paderborner Systems verläuft einigermaßen parallel mit ihm ein anderes, das ich als das Grundsteinheim-Dahl-Paderborner bezeichne. Es kommt aus der Gegend östlich Lichtenau, ohne daß sich hier genauere Angaben über seinen Weg machen ließen, verläuft dann östlich Grundsteinheim, wo die Quellen und Quicksprünge an der Sauer und am Schmittbache von ihm gespeist werden, setzt sodann unter den zahlreichen Erdfällen am westlichen Reischlagsberge und im südöstlichen Teile des Dahler Holzes fort und führt in die Gegend von Dahl. Hier sind mehrere Wasserfärbungen ausgeführt worden, die ziemlich in denselben Quellen, wie die Färbungen im Lichtenau-Grundsteinheim-Paderborner Systeme wieder zum Vorschein gekommen sind, und das legt den Gedanken nahe, daß beide weiter westwärts sich scharen und vereint zu den östlichen Paderquellen hinführen; zur Festlegung des genaueren Weges der Wasserführung zwischen Dahl und Paderborn fehlen aber jegliche Anhaltspunkte, und so ist die Darstellung in Tafel III auch nur auf Vermutungen begründet.

Die nördlichsten unterirdischen Zuflüsse der Paderquellen kommen aus der Gegend von Schwaney; sie enthalten das in den Schwalgen des Ellerbachs südwestlich Schwaney versinkende Wasser, wie durch die Färbung IX gezeigt worden ist. Nach der Lage der Erdfälle zu schließen, geht hier der Weg des Wassers ziemlich genau ost-westlich, wovon weiter unten noch die Rede sein wird. Von diesem Schwaney-Paderborner Wassersysteme scheint auch der Brunnen der Schöxxxx'schen Brauerei an der Buker Chaussee gespeist zu werden.

Gleich nördlich des Schwaney-Paderborner Wassersystems liegt die zweite große Wasserscheide des Paderborner Plänergebietes, die Nordgrenze der unterirdischen Wasserzuführung zu den Paderquellen. Hier beginnt das Gebiet der Quellen zwischen Paderborn und Lippspringe und der Lippequellen. Genauere Untersuchungen hierüber fehlen zwar noch, doch läßt sich schon soviel sagen, daß sich auch hier in ähnlicher Weise wie südlich und südöstlich Paderborn

Verwerfungs- und Spaltenzüge, Quellen und Erdfälle in
Zonen anordnen, die zu den fraglichen Quellen hinführen; so
scheint ein unterirdisches Kanalsystem in der Richtung Schwaney-
Neuenbeken-Lippspringe zu verlaufen, das sich durch eine Verwerfung am Westhange des Jesuitenberges, durch eine Reihe
von Erdfällen und durch Quellaustritte in Neuenbeken und
wenig östlich des Kleehofes zu erkennen gibt, und andere
Zuflüsse scheinen die Lippequellen aus dem Gebiete weiter
nordöstlich zu erhalten. Der Plateauabschnitt zwischen Neuenbeken, Paderborn und dem Brocksberge bei Schwaney ist
aber wohl das tributäre Gebiet der Quellen nordöstlich von
Paderborn.

Es fragt sich nun noch, ob nicht auch eine Wasserzirkulation zu den Paderquellen außerhalb der beschriebenen Spaltensysteme erfolgt, oder ob sämtliche
Quellen nur von diesen gespeist werden.

Für eine große Zahl der Paderquellen dürfte wohl durch
die Färbungen bewiesen sein, daß sie ihre Zuflüsse aus
entfernt liegenden Gebieten der Paderborner Hochfläche erhalten. Bisher sind aber nur solche Quellen gefärbt gewesen,
die sich zeitweilig getrübt zeigen; daß aber auch die „klaren“
Quellen von denselben Spaltensystemen gespeist werden, wie
die „trüben“, ergibt sich schon daraus, daß sie samt und
sonders im Bereiche dieser Spaltensysteme liegen; das gilt
ebenso für die „klaren“ Quellen bei Kirchborchen, der Kluskapelle und Etteln, wie für diejenigen im Ursprungsgebiete
der Paderquellen. Trotzdem treffen aber für einzelne der
Paderquellen vielleicht noch ganz andere Ursprungsbedin-
gungen zu.

Möglicherweise haben wir nämlich außer der bisher näher
behandelten Zirkulation im Plänergebirge und unabhängig von
ihr noch eine solche im Liegenden des Pläners. Das am
Westhange der Egge von den sandigen und wasserdurchlässigen
Schichten der Unteren Kreide aufgenommene Wasser dringt,
soweit nicht Spalten es aufnehmen, bis auf die liegenden
Triasschichten und, falls auch diese durchlässig sind, noch

tiefer ein und fließt auf der undurchlässigen Unterlage entsprechend der Schichtenneigung nach W. ab; es gelangt also
in den tieferen Untergrund der Paderborner Hochfläche und
kommt dabei im Liegenden des cenomanen Mergels unter
den Druck der an der Egge über ihm lastenden Wassersäule.
Ob es dabei nun weit nach W. vordringt, vielleicht bis in den
Untergrund von Paderborn, hängt von Umständen ab, über
die ohne weiteres kein sicheres Urteil zu gewinnen ist. Zunächst fragt es sich, ob der ziemlich bröckelige cenomane
Mergel, entlang dessen Oberkante allerdings, wie wir gesehen
haben, eine Wasserzirkulation stattfindet, auch für das unter
starkem Auftrieb stehende Wasser undurchlässig ist, weiter
aber, ob nicht zwischen Paderborn und der Egge Spalten den
Gebirgskörper bis hinab ins Liegende des Cenomanmergels
durchsetzen und das Aufsteigen des unter Druck stehenden
Wassers ermöglichen. Beträchtliche Schichtenverschiebungen
haben sich hier zwar abgesehen von dem Grabeneinbruche
südlich Schwaney nicht nachweisen lassen, Spalten sind aber
gewiß vorhanden, wie sich schon aus den hydrologischen Verhältnissen des Gebietes ergibt. Ob diese aber durch die
50 Meter mächtigen cenomanen Mergel hindurchsetzen, ist
eine andere Frage. Unwahrscheinlich ist es gewiß nicht, und
so erfolgen vielleicht im Untergrunde der Paderborner Hochfläche Wasserergüsse aus dem Liegenden des Cenomans in die
Spaltensysteme des hangenden Pläuergebirges, ohne daß davon
über Tage etwas wahrzunehmen wäre; möglicherweise nehmen
auch schon die den Graben bei Schwaney umschließenden Brüche,
die zweifellos nach N. und S. in Spalten ihre Fortsetzung
finden, das ganze von der Egge nach W. unter dem Cenoman
abfließende Wasser auf; ganz ausgeschlossen ist aber andererseits
nicht, daß erst im Untergrunde von Paderborn ein Hervorquellen
von Wasser aus dem Liegenden des Cenomanmergels auf Spalten,
die bis in diese Tiefe hinabgehen, erfolgt, und daß vielleicht
die warmen Quellen der westlichen Quellenzone derartigen
Ursprungs sind.

Von ganz besonderem Interesse ist die Frage nach dem Ursprunge der Paderborner Wasserleitungsquellen, da hiermit auch die Frage nach der Entstehung der Typhus-epidemien, die Paderborn mehrfach heimgesucht haben, zu-sammenfällt.

Die Wasserleitungsquellen entspringen in unmittelbarer Nähe der Börnepader (siehe Tafel IV), gehören somit zur westlichen Quellenzone, und zwar sind sie deren östlichste Quellen. Färbungen sind in ihnen, wie auch in der Börne-pader, bisher bei keinem der ausgeführten Versuche beob-achtet worden, und das hat eben seinen Grund darin, daß, wie Tafel III zeigt, die Quellen der westlichen Zone in einem Gebiete entspringen, in dem bisher noch keine Wasserfärbungen vorgenommen werden konnten.

Die Temperatur der Wasserleitungsquellen zeigt nur geringe Schwankungen. Das spricht aber, wie weiter unten ausgeführt werden wird, dafür, daß sie wahrscheinlich nicht im Kalk-gebirge, sondern in den anschliessenden Sandsteingebieten der Egge, also etwa in der Gegend südlich Holtheim, ihren Ur-sprung haben. Die geringen Temperaturschwankungen deuten, wie wir gleichfalls noch sehen werden, darauf hin, daß innerhalb des Plänergebietes keine größeren Zuflüsse, namentlich keine aus offenen Flußläufen in die Zuführungskanäle der Wasser-leitungsquellen gelangen, und hiermit steht wieder im Zu-sammenhange, daß Trübungen in ihnen nur außerordentlich selten und auch nur in ganz minimaler Weise auftreten. Der unterirdische Weg kreuzt ja dreimal offene Flußläufe, die Altenau westlich Holtheim, die Sauer bei Ebbinghausen und den Ellerbach nördlich Hamborn; Wasserzuführungen erfolgen an diesen Stellen aber nicht oder nur außerordentlich selten, denn im Untergrunde der Altenau steht der undurchlässige Cenomanmergel an, Sauer und Ellerbach führen hier aber nur ganz ausnahmsweise Wasser.

In der Zeit vor der letzten Paderborner Typhus-epidemie im Herbst 1898 waren Typhusfälle im Ursprungs-gebiete der Paderquellen nur im Dorfe Asseln vorgekommen, und die Frage ist viel behandelt worden, ob eine Wasser-

zirkulation von Asseln zu den Paderborner Wasserleitungsquellen und damit eine Übertragung der Typhuskeime von
dort in das Paderborner Trinkwasser denkbar wäre. Ich
halte eine solche für nicht sehr wahrscheinlich, wenn auch
immerhin nicht für ganz ausgeschlossen. Der oberflächliche
Abfluß von Asseln geht zum Schmittbache, dessen Wasser
aber im allgemeinen schon bei Grundsteinheim versiegt, also
ehe es in das Ursprungsgebiet der westlichen Quellzone, zu
der die Wasserleitungsquellen gehören, gelangt, das somit
auch in den Quellen der östlichen Zone wieder zum Vorschein kommt. Ob nun aber nach den heftigen Niederschlägen
des 8. und 9. August 1898 der Schmittbach bezw. die Sauer
über Grundsteinheim hinaus bis zum Ursprungsgebiete der
westlichen Quellzone Wasser geführt hat, ist nicht mehr festzustellen; sollte dieser Fall eingetreten sein, versiegte also
der letzte Rest des Sauerwassers damals erst in der Gegend
des Mollerberges oder noch weiter südlich, so konnten allerdings die Abflüsse des Dorfes Asseln in die Zuführungskanäle
der westlichen Quellzone gelangen.

Traf dieses aber nicht zu, so ist dennoch eine Infektion von
Asseln her immerhin nicht ganz ausgeschlossen. Zwei der im
Quellgebiete der östlichen Paderquellen ausgeführten Färbungen
sind auch in einer Quelle der westlichen Zone, im Blauen
Kolke, wieder zu Tage gekommen; das heißt aber, wie wir
sahen, daß die Zuführungskanäle beider Quellzonen nicht völlig
von einander getrennt sind, sondern daß in ganz beschränkter
Weise Kommunikationen, wenn vielleicht auch erst im Untergrunde Paderborns, eintreten, und auch auf solche Weise
mag von Asseln kommendes Wasser in die Zuführungsspalten
der Wasserleitungsquellen gelangt sein.

Es ist also nach den Ergebnissen der geologisch-hydrologischen Untersuchungen die Möglichkeit, daß ein Zusammenhang zwischen den Typhusfällen in Asseln und
der Paderborner Epidemie von 1898 besteht, vielleicht
nicht ganz von der Hand zu weisen; für wahrschein-
licher aber möchte ich halten, daß erst im Bereiche
der Stadt die Keime in die Zuführungsspalten der

Quellen oder unmittelbar in die Wasserleitung ge-
langten. Der ganze obere Teil der Stadt liegt ja auf klüftigem
Plänergebirge, in dem auch die zu den Wasserleitungsquellen
führenden Spalten aufsetzen, und so ist eine Einspülung der
krankheitbringenden Keime leicht denkbar.

Die hydrologischen Untersuchungen im Paderborner Plänergebirge bilden insofern eine wesentliche Ergänzung der geologischen Beobachtungen, als sie den Verlauf der Spaltensysteme
dort kennen lehren, wo die geologische Kartierung zu ihrer
Festlegung nicht im stande ist, nämlich dort, wo die Spalten
nicht zugleich Verwerfungen sind. Von besonderem Inter-

Fig. 2.

esse ist dabei, daß nach den Ergebnissen der hydrologischen
Untersuchung die Wege des Wassers den Hauptspalten-
systemen am östlich liegenden Eggegebirge und anschließenden
Teutoburger Walde ziemlich parallel gehen, und namentlich,

daß die Wassersysteme im Plänergebirge gleichfalls die schon
früher[1]) beschriebene Ablenkung der Bruchsysteme am nördlichen Eggegebirge aus der nord-südlichen in die südost-
nordwestliche Richtung erkennen lassen. Vorstehende kleine
Skizze bringt diese Uebereinstimmung zum Ausdrucke.

Aus den Zuführungswegen des Wassers zu den Paderquellen ergeben sich auch die Grenzen ihres Wassergebietes, wie sie in Tafel III zur Darstellung gebracht sind.
Es reicht nach O. und SO. etwa bis zum Kamme der Egge,
bis zur orographischen Wasserscheide zwischen Rhein und
Weser. Diese wird zwar mehrmals, namentlich im südlichen Teile, von Verwerfungen gekreuzt, und so mag hier
und da eine unterirdische Wasserführung über sie hinweg
stattfinden.

Ist danach die östliche und südöstliche Umrandung
des Wassergebietes der Paderquellen im wesentlichen
in der orographischen Entwickelung des Geländes begründet, so ist die westliche eine rein geologische
Linie. Im Plänergebiete ist eben die durch die Orographie
bedingte oberflächliche Wasserzirkulation eine verhältnismäßig
geringe, da hier alles Oberflächenwasser bald im Untergrunde
verschwindet, und nur den kleinsten Teil des Jahres führen
zum Beispiel die offenen Flußläufe bei Hamborn und Ebbinghausen noch Wasser: die Wasserzirkulation erfolgt vielmehr
in ganz überwiegender Weise unterirdisch in den näher
charakterisierten Spaltensystemen, also entlang geologischen
Linien, die außer Zusammenhang mit der oberflächlichen
Terrainentwickelung stehen. Nur in Ausnahmefällen gelangt
etwas Wasser aus dem östlich der Linie Paderborn-Hamborn-
Ebbinghausen liegenden Gebiete über diese nach W. hinaus,
und es bezeichnet diese Linie also, wie wir auch schon oben

---

[1]) STILLE, Gebirgsbau des Teutoburger Waldes zwischen Altenbeken
und Detmold. Jahrb. d. Geolog. Landesanst. f. 1900, S. 37.

sahen, die westliche Grenze des Ursprungsgebietes der Paderquellen. Über ihren genaueren Verlauf bei Hamborn hat sich
keine sichere Vorstellung gewinnen lassen, was auch in der
hydrologischen Übersichtskarte zum Ausdruck kommt.

Auch von der Nordgrenze des Quellgebietes der Pader
war schon die Rede; von Schwaney aus führt die Wasserzirkulation im Untergrunde der Plänerhochfläche in ost-west-
licher Richtung nach Paderborn, und die Färbung IX südwestlich Schwaney ist ja in den Paderquellen wieder zu
Tage getreten; das Plänergebiet weiter nördlich wird aber zu
den Quellen nordöstlich Paderborn und den Lippspringer
Quellen entwässert. Die ersten Schwalglöcher des Ellerbaches
liegen also südlich der nördlichen Wasserscheide, und somit
gehören auch dessen Zuflüsse weiter nördlich und nordöstlich noch in das Padergebiet. An der Egge wird dieses
danach etwa durch die orographische Wasserscheide zwischen
Ellerbach und Beke in der Linie Hausheide-Buke begrenzt;
zwischen Buke und Schwaney fließen von den Hängen des
cenomanen Mergels die atmosphärischen Niederschläge ganz
vorwiegend oberflächlich zum Ellerbache ab, im westlich anschließenden Plänergebiete versinken sie dagegen bald im
Untergrunde und werden unterirdisch weiter nach W. und
NW. geleitet, und so fällt hier die Grenze des Padergebietes
etwa mit der geologischen Grenze zwischen Cenomanmergel
und Pläner zusammen.

Das in der beschriebenen Weise sich umgrenzende Ursprungsgebiet der Paderquellen umfaßt einen Flächenraum von etwa
251 Quadratkilometern; der größte Teil desselben wird fast
ausschließlich zur Pader entwässert, und aus dem ganzen Gebiete nördlich der Linie Husen-Holtheim erfolgt nur bei
Hochwasser, wenn zum Beispiel die Sauer noch über Ebbinghausen hinaus Wasser führt, ein geringer Abfluß zur Altenau.
Nur der südliche, etwa 29 Quadratkilometer umfassende Teil
des Paderquellgebietes wird auch im Hochsommer nur teilweise zur Pader entwässert, da die Altenau stets über die
Neue Mühle hinaus noch Wasser führt, und dieses also den

Paderquellen verloren geht. Es handelt sich hier um denjenigen Teil des Ursprungsgebietes der Pader, aus dem die Altenau oberflächliche Zuflüsse erhält, und dieser begrenzt sich bei Holtheim etwa mit der geologischen Scheide zwischen Cenomanmergel und Pläner, weiter südöstlich im Gebiete der sandigen Schichten der Unteren Kreide und der Trias etwa mit der orographischen Wasserscheide zwischen Sauer und Altenau.

V. Über den näheren Vorgang der Wasserführung im Plänergebirge.

Schon im Anfange des vorigen Kapitels wurde ausgeführt, daß die Wasserführung im Untergrunde der Paderborner Hochfläche nicht an mergelige Zwischenlagen des Plänergebirges geknüpft ist, sondern entlang weit aushaltenden Spaltensystemen erfolgt.

Innerhalb eines solchen Systemes stehen nun die einzelnen Spalten in vielen Fällen in Kommunikation mit einander, was sich zum Beispiel schon daraus ergibt, daß die zunächst im allgemeinen nur einer einzigen Spalte mitgeteilte Wasserfärbung in einer ganzen Zahl verschiedener und mit ebenso vielen einzelnen Spalten zusammenhängender Quellen wieder zum Vorschein kommt; in anderen Fällen besteht aber zweifellos keine Kommunikation zwischen benachbarten Spalten ein und desselben Systemes, so daß sie in ihrer Wasserführung unabhängig von einander bleiben; das zeigt sich unter anderm darin, daß benachbarte Spalten sich in der Höhe des Wasserstandes vielfach nicht beeinflussen.

Es sind ja häufig Fälle zu beobachten, und ich selbst habe vor kurzem noch Gelegenheit gehabt, auf einen solchen hinzuweisen[1]), daß eine Erhöhung des Wasserniveaus an irgend

---

[1]) Über den Gebirgsbau und die Quellenverhältnisse bei Bad Nenndorf am Deister. Jahrbuch d. Königl. Preuß. Geologischen Landesanstalt für 1901, S. 360.

einer Stelle eines Spaltensystemes sich kilometerweit entfernt durch Ansteigen des dortigen Wasserstandes bemerkbar
macht, und zwar nicht etwa allein infolge einfachen Hin-
strömens von der ersten Stelle zur zweiten, sondern namentlich infolge von Verschiebungen in den hydrostatischen Druckverhältnissen, die durch die Niveauerhöhung an der ersten
Stelle hervorgerufen werden. Demgegenüber sind mir nun im
Paderborner Plänergebirge Fälle bekannt geworden, wo derartige gegenseitige Beeinflussungen von Quellen, die mit benachbarten Spalten eines und desselben Systemes zusammenhängen,
nicht zu beobachten waren. So ist noch im letzten Jahre der
Spiegel der südlichsten Quelle in KEHL's Gärtnerei um über
1½ Meter gestaut worden, um die Wasserkraft der Quelle
nutzbar zu machen, ohne daß dadurch die kaum 6 Schritt
entfernte schwächere Quelle beeinflußt wurde. Natürlich
kommen auch im Plänergebiete Fälle gegenseitiger Abhängigkeit in den Niveauverhältnissen zweier Quellen vor; so soll
eine solche zum Beispiel zwischen den Jordan- und Lippequellen in Lippspringe bestehen, und Beobachtungen über die
gegenseitige Beeinflussung der Teichquellen und Springquelle
in Gesecke, die unter ähnlichen geologischen Verhältnissen
wie die Paderquellen entspringen, hat Herr Dr. SCHIRMANN in
Gesecke angestellt und mir freundlichst mitgeteilt; nach diesen
bewirkt eine Stauung des Teiches, in dessen Grunde die Teich-
quelle entspringt, eine Erhöhung des Wasserstandes der Springquelle und umgekehrt.

Die gegenseitige Unabhängigkeit der Wasserführung benachbarter Spalten zeigt sich weiter in den chemischen
und physikalischen Verschiedenheiten der auf ihnen
entspringenden Quellen, sie geht auch namentlich daraus
hervor, daß bei den Färbeversuchen manche Quellen ungefärbt blieben, während andere des gleichen Systemes die
Färbung zeigten.

Eine solche Erschwerung der seitlichen Kommunikation
von Spalte zu Spalte und damit des Ausgleiches in der Niveauhöhe des Wassers und in dessen physikalischen und chemischen
Verhältnissen ist aber auf den ersten Blick in dem so außer-

ordentlich zerklüfteten Plänergebirge recht auffällig. Ein jeder
Aufschluß zeigt ja, daß der Plänerkalk eigentlich überall von
Spalten und Rissen durchzogen ist, und somit ist die Kom-
munikationsmöglichkeit von einer Hauptspalte zur anderen
durchaus gegeben. Daß diese in vielen Fällen nicht eintritt,
ist lediglich die Folge der außerordentlich hohen Reibungswiderstände in den Querklüften, und ich stimme GÄRTNER[1]) zu,
„daß trotz offener Verbindung die Wasser neben einander fort-
laufen ohne wesentliche Mischung, weil sie keine Veranlassung
haben, die Wege mit größeren Reibungswiderständen zu gehen".
Gewiß ist in vielen Fällen der Gesteinskörper zwischen zwei
Hauptkanälen mit Wasser durchtränkt; dabei kann aber, falls
die Querrisse nur eng genug sind, nach den Kapillaritäts-
gesetzen ein Gleichgewichtszustand vorhanden sein, ohne daß
das Wasser in allen kleinen Spältchen bis zum gleichen Niveau
steht; so braucht auch im porösen Gesteinskörper zwischen
zwei Spalten mit verschiedenem Wasserniveau, wenn die Querrisse nur fein genug sind, keine nennenswerte Wasserzirkulation,
etwa ein seitliches Hinströmen aus der Spalte mit höherer zu
der mit niedrigerer Wasserführung, vor sich zu gehen. Ein
gesättigter Gesteinskörper ohne nennenswerte Wasserzirkulation
verhält sich aber wie ein wasserundurchlässiger und dichtet
die Hauptkanäle gegen einander ab.

Die geringe Zirkulation im Gesteinskörper zwischen den
Hauptspalten liegt also nicht in dem Fehlen von Querklüften
begründet, sondern in den großen Reibungswiderständen, die
das Wasser auf ihnen findet. Es vertauschen sich aber
Wirkung und Ursache; denn umgekehrt begründet das Fehlen
einer lebhafteren Wasserzirkulation die Enge der Querspalten,
und bei einer stärkeren Wasserführung würden die kleineren
Spältchen und Risse bald zu größeren Dimensionen anwachsen.
Die Auflösung kann hier aber nur einen verhältnismäßig
geringen Betrag erreichen, da das vorhandene Wasser sich
wohl mit Kalk sättigt, jedoch nur langsam durch ungesättigtes
und zur Kalkaufnahme fähiges ersetzt wird.

[1]) l. c. S. 54.

In vielen Fällen ist aber der poröse Gesteinskörper zwischen zwei Hauptkanälen nicht ganz mit Wasser durchtränkt, sondern nur in deren nächster Umgebung, und im Anschluß hieran ist die Frage zu erörtern, wie weit überhaupt der an einen unterirdischen Wasserfaden angrenzende Plänerkalk seitlich von Wasser erfüllt ist. Das ist naturgemäß in den einzelnen Fällen außerordentlich verschieden und hängt zum Beispiel von der stärkeren oder geringeren Zerklüftung des Plänerkalkes ab; in vielen Fällen ist aber schon wenige Meter seitwärts von einer Hauptwasserader nicht das geringste Wasser mehr vorhanden, und so hat manche Brunnenbohrung erst in großer Tiefe Wasser angetroffen oder ist ganz ergebnislos verlaufen, während eine andere wenige Meter entfernt schon bald unter Tage auf reichliches, in einer Spalte zirkulierendes Wasser stieß, das aber nicht durch eine wasserdichte Auskleidung gegen das seitwärts anstoßende poröse Gebirge abgedichtet ist, sondern nur infolge der hohen Reibungswiderstände nicht weiter seitwärts eindringt; es bleibt auch zu bedenken, daß das Wasser in den Hauptkanälen des Plänergebirges nicht unter hohem Druck steht, so daß diesem schon durch verhältnismäßig geringe Reibungswiderstände das Gleichgewicht gehalten und damit ein Eindringen des Wassers seitwärts verhindert wird.

Ähnliche Verhältnisse sind ja überall zu beobachten, wo in stark klüftigem Gesteine die Wasserzirkulation an Spalten gebunden ist. So habe ich noch in der letzten Zeit Gelegenheit gehabt, mich mit der Wasserführung in dem klüftigen Steinmergelkeuper des Wesergebietes zu beschäftigen, und auch dort hat sich in mehreren Fällen in gleicher Weise wie im Plänergebiete das Gebirge dicht neben einer wasserführenden Spalte trotz der zahlreichen Risse und Spältchen völlig wasserfrei erwiesen.

Der Lauf des Wassers im Untergrunde des Paderborner Plänerplateaus ist also an Spaltensysteme gebunden, die auch in dem nach S. und SO. anschließenden Gebirge aufsetzen und sich über Tage vielfach durch Schichtenverschiebungen zu erkennen geben, und somit geht das Wasser Wege,

die ihm durch die Tektonik des Gebietes vorgeschrieben
sind. Entlang diesen erfolgt nun eine fortwährende Kalkauflösung, wie schon der Kalkgehalt des Paderwassers und die
Erdfälle auf der Höhe des Plateaus zeigen, und so erweitert sich das Wasser sein ursprünglich vielfach schmales
Bett zu weiten Kanälen und Hohlräumen. Die im Streichen
weit anshaltenden Spalten boten eben dem Wasser die be-
quemsten Wege, und darum ist es diesen gefolgt, wie auch
über Tage die Wege des Wassers in so vielen Fällen durch die
Tektonik des Gebirges bestimmt sind. Wie aber gewiß nicht
der Verlauf sämtlicher oberirdischer Wasserläufe in tektonischen
Verhältnissen begründet liegt, so hat auch die unterirdische
Erosion im Plänergebiete nicht überall an tektonischen Linien
angesetzt. So ist zum Beispiel der unterirdische Weg des
Wassers von Schwaney nach Paderborn vielleicht nicht durch
weit aushaltende ost-westliche Spalten vorgezeichnet gewesen,
denn solche sind sonst dem Paderborner Kreidegebirge fremd,
wenn wir von ein paar kleinen Querspalten senkrecht zur
Nord-Süd-Richtung absehen. Hier mögen weiter aushaltende
Spalten überhaupt gefehlt haben, und so hat das Wasser die
in anderen Teilen gemiedenen kleinen Nebenspältchen und
Risse benutzen müssen, weil es keine anderen Wege nehmen
konnte, und sich diese allmählich zu einem bequemen Bette
erweitert.

Die jeweilige Niveauhöhe einer Spalte ist das Pro-
dukt von zwei Faktoren, des Zuflusses und des Abflusses, und
naturgemäß wird der Wasserspiegel dort am höchsten sein, wo
der Zufluß der stärkste und der Abfluß der geringste ist.

Zuflüsse zu den Spalten.

In Bezug auf den Zufluß der atmosphärischen Niederschläge kann schon von Bedeutung sein, ob die Spalten
sich auf längerer Erstreckung unter Terraindellen hinziehen
oder vorwiegend unter Kuppen und steileren Hängen her-
setzen. Mag der Plänerboden auch noch so klüftig sein,
alles Wasser versinkt gewiß nicht, namentlich bei heftigeren

7*

Niederschlägen, sofort wieder in seinem Untergrunde, sondern
ein Teil strömt oberflächlich den tiefer liegenden Stellen zu, und
so werden auch hier viel beträchtlichere Wassermengen versinken, als an steileren Böschungen.

Die Zufuhr versunkenen Flußwassers zu den einzelnen
Spalten ist naturgemäß außerordentlich verschieden, je nachdem
dieselben mit den Schwalglöchern der Flußbetten in Verbindung
stehen oder nicht.

Ferner wird die Menge des Wassers in einer Spalte von
deren Fortsetzung nach S. und SO. abhängen; manche reichen
nicht weit nach S., erhalten also von dort nur geringe Zuflüsse,
in der Verlängerung anderer Wassersysteme lassen sich aber
über Tage weithin nach S. und SO., in vielen Fällen noch
über die Egge hinaus, Verwerfungen verfolgen, und durch
sie wird eine Wasserzuführung von der Egge her, vielleicht
sogar noch aus dem orographischen Wassergebiete der Weser, zu
den Kanalsystemen im Untergrunde der Paderborner Hochfläche vermittelt.

Namentlich ist aber die Lage einer Spalte innerhalb
des ganzen Spaltenbündels für die Menge des zugeführten
Wassers von wesentlicher Bedeutung. Zwischen den einzelnen
Hauptkanalsystemen liegen ja ausgedehnte Partien, die von
solchen frei sind. Es fehlt aber in diesen gewiß nicht
an jeder Wasserzirkulation, denn erstens nimmt der Untergrund die atmosphärischen Niederschläge auf, und zweitens
liegen die Schwalglöcher, in denen das offene Flußwasser versinkt, keineswegs überall über Hauptkanalsystemen; so versinkt zum Beispiel die Hauptmenge des Ellerbachwassers in
der Gegend des Urenberges und weiter nördlich außerhalb
solcher. Die in der Tektonik des Gebietes begründeten und
vielfach mit nachweisbaren Schichtverschiebungen zusammenhängenden Hauptspaltensysteme setzen aber um diese Partien
in ähnlicher Weise herum, wie auch sonst zwischen zwei
Bruchsystemen wenig gestörtes Gebirge liegt; in diesen Zwischen-
partien finden sich also keine lang aushaltenden Spalten,
wohl aber ein Netzwerk von Klüften, auf denen das Wasser,
wenn vielleicht auch oft erst auf großen Umwegen, den Haupt-

kanälen zugeführt wird. In diese gelangt also eine große Zahl
kleiner Nebenflüßchen, entlang denen gleichfalls Kalkauflösung
vor sich geht, und so kann es nicht wundernehmen, daß einzelne
Erdfälle nicht über den Hauptkanälen liegen, wie zum Beispiel
im Dorfe Dörenhagen und nordöstlich von Dahl.

Die seitliche Wasserzuführung durch die kleinen unterirdischen Nebenflüßchen geht naturgemäß zunächst in die
seitlichsten Kanäle der großen Wassersysteme, und
somit müssen diese auch im allgemeinen die wasserreichsten sein. Damit steht im besten Zusammenhange,
daß dort, wo mehrere Quellen dicht beieinander als Überläufe
desselben Spaltensystems entspringen, die seitlichen auch die
stärksten zu sein pflegen. So übertrifft zum Beispiel die
Wassermenge der östlichsten Kirchborchener Quellen bei der
ALTMANN'schen Mühle ganz bedeutend diejenige der sämtlichen
übrigen Quellen zusammengenommen; desgleichen sind auch bei
den Gellinghäuser und Henglarner Quellen die östlichsten bei
weitem die stärksten; ferner liegen bei Grundsteinheim die
ständig oder doch am längsten fließenden Quellen in der
Randzone des Grundsteinheim-Dahler Wassersystems. Daß
sich in Paderborn inmitten des ganzen Quellgebietes Quellen
finden, die den seitlichen an Wasserreichtum nicht nach-
stehen, erklärt sich daraus, daß wir es hier mit mehreren
großen Kanalsystemen zu thun haben; aber auch hier sind zum
Beispiel die wasserreichen Börnepaderquellen die östlichsten des
zur östlichen Quellzone hinführenden Hauptwassersystemes.

Abfluß aus den Spalten.

Der Abfluß aus den Spalten ist in erster Linie von
ihrem Bau abhängig und kann um so leichter erfolgen, je
breiter und geräumiger die Spalte, um so schwieriger, je enger
sie ist. Da nun gleiche Zuflüsse in engeren Spalten an und
für sich schon eine viel beträchtlichere Niveauerhöhung des
Grundwassers hervorrufen, als in solchen von größerer Breite,
und da in breiteren der Abfluß viel leichter erfolgt, so ist im
allgemeinen in den engeren Spalten auch ein höherer Wasserstand zu erwarten. Auch die Weite der einzelnen Spalten
wechselt sehr, und so werden in ihrem Fortstreichen erheb-

liche Niveaudifferenzen zu stande kommen. Da nun auch hier
und da eine Kommunikation zwischen benachbarten Spalten
eintritt, so können ganz lokal Niveauausgleiche stattfinden,
die sich aber im weiteren getrennten Verlaufe wieder verlieren. Ferner ist aber für die Menge des Wassers in einer
Spalte von größter Bedeutung, ob tiefe Terraineinschnitte ihren
Weg kreuzen, in denen das Wasserniveau die Tagesoberfläche
erreicht, ob sie also durch Speisung von Quellen viel Wasser
verliert.

Während die Bedingungen des Zuflusses zu den Spalten
des Plänergebirges im großen und ganzen im Laufe der Jahrhunderte dieselben geblieben sein mögen, abgesehen vielleicht
von geringen Veränderungen im Zusammenhange mit Auf-
forstungen und Abholzungen, verbessern sich die Abflußbedingungen sozusagen von Tag zu Tag, indem immer neue Kalk-
massen ausgelaugt und die Abflußwege des Wassers erweitert
werden. Eine Erleichterung des Abflusses ohne entsprechende
Erhöhung des Zuflusses bedeutet aber eine Erniedrigung des
Wasserspiegels in den Spaltensystemen, und so ist wohl denkbar,
daß früher ständig fließende Quellen versiegen oder zu temporären nur infolge der leichteren Abflußbedingungen werden, die
durch die fortwährende Kalkauflösung entstehen. Theoretisch
muß also ganz allmählich eine Verschlechterung der Wasser-
verhältnisse weiter Teile des Plänergebietes eintreten, und es
erscheint nicht ganz ausgeschlossen, daß die heute viel geringere
Besiedelung der Paderborner Hochfläche im Vergleich zu der
früherer Jahrhunderte zum Teil auch hierdurch bedingt ist,
mögen auch der Hauptsache nach die politischen Wirren des
Mittelalters die Schuld tragen.[1])

[1]) Herr Professor Dr. Wittich zu Detmold hat die Freundlichkeit gehabt, mir die „ausgegangenen" Dörfer in dem in Rede stehenden und
anschließenden Gebiete nach dem Westfälischen Urkundenbuche, Bd. IV,
zusammenzustellen:

 bei Lichtenau: Amerungen, Northeim, Kerktorp, Masenheim,
  Odeheim,

 zwischen Husen, Atteln und Helmern: Bodene,

Wie oben gesagt, wird in sehr engen Spalten schon bei
verhältnismäßig geringer Wasserzufuhr der Wasserspiegel recht
hoch stehen, und mit solchen sind vielleicht die hoch über
der Talsohle liegenden Quellen der Gegend von Etteln, wie
der Born, der Schlagborn und Steinborn, und eine Reihe
unbeträchtlicher Wasseraustritte auf der Höhe des Hamborn in
Verbindung zu bringen; wenigstens liegen die Quellen bei Etteln
innerhalb der Hauptwassersysteme. Die zu diesen Quellen
führenden Spalten dürften aber nicht weit nach S. zurück-
reichen, da sonst auch dort im Schnitt mit den tiefen Terrain-
einsenkungen Quellen austreten müßten, vielmehr dürfte die
Wasserzufuhr zu diesen Spalten vorwiegend von oben und von
der Seite erfolgen; möglicherweise kommen diese hoch liegenden Quellaustritte auch nicht einfach durch Überlauf, sondern
unter irgendwelchen allerdings nicht näher anzugebenden hydrostatischen Druckverhältnissen zu stande.

Manche der kleinen „Wasserlöcher" oder „Tränken" auf
der Höhe des Plänerplateaus sind wohl als Wasseransammlung
über lokal vorhandenen undurchlässigen Mergellagen im Plänerkalke zu erklären; andere wieder, und namentlich wohl
diejenigen, die im Bereiche der Hauptkanalsysteme liegen,
dürften aber mit unterirdisch zirkulierendem Wasser in der
Weise in Zusammenhang stehen, daß ganz lokal in einer engen
Spalte ein außerordentlich hoher Wasserstand bis zur Tagesoberfläche zu stande kommt. Vergleichbar diesen „Tränken"
im Plänergebiete sind die „Suhlen" der Forstleute, Stellen,
die auch im Sommer stets etwas Feuchtigkeit halten und
deshalb vom Wild aufgesucht werden. Auch sie sind in
manchen Fällen Ansammlungen von Wasser über undurchlässigen Gesteinslagen oder Oberflächenbildungen, in anderen

zwischen Gut Lake und Helmern: Himelhosen,
zwischen Dahlheim und Helmern: Versede,
bei Vorwerk Lake: Ryckersen,
östlich von Dahlheim: Sirexen,
bei Neuenbeken: Silinghosen,
zwischen Paderborn und Neuenbeken: Silveside.
bei Borchen: Lohen.

aber liegen sie über nachweisbaren Spalten; so habe ich im
Sandsteingebiete der Egge mehrfach beobachten können, daß
solche „Suhlen" nach tektonischen Linien angeordnet sind, also
gewiß auch von Spalten ihr Wasser zugeführt erhalten.

Im allgemeinen erfolgt ja im Untergrunde der
Paderborner Hochfläche der Abfluß des Wassers in den
Spaltensystemen nach N. oder NW., also nach Paderborn
zu; ganz lokal ist der Weg aber auch einmal ein um-
gekehrter. So muß zum Beispiel in manchen Fällen, wo
aus einem offenen Bache sich größere Wassermengen in eine
Spalte ergießen, wegen der hier eintretenden bedeutenden
Niveauerhöhung ein Abfluß nach beiden Seiten erfolgen. Ein
solcher Fall ist mir bei Iggenhausen bekannt geworden. Wir
sahen schon, daß dort beträchtliche Wassermengen inmitten
des Dorfes in einer Felsspalte neben dem Bette des Schmittbaches verschwinden, aus einer Spalte des Cenomanpläners am
Südfuße des Büngeberges in der Nähe der Vereinigungsstelle
von Sauer und Schmittbach aber wieder zum Vorschein kommen,
den Büngeberg also in südlicher Richtung durchfließen. Das
bei der Iggenhauser Mühle verschwindende und das am Südfuße des Büngeberges zu Tage tretende Wasser zeigen aber
erhebliche Differenzen in der Temperatur, wie folgende Messungen
des Herrn FRICKE zeigen:

Messung am	Temperatur des ver-schwindenden Wassers bei der Iggenhauser Mühle	Temperatur der Quelle am Südfuße des Büngeberges	Differenz
12. März 1898 .	8,9°	5,9°	— 3°
15. Juni 1899 .	14,3°	13,25°	— 1,05°
21. Juli 1899 .	21,65°	19,5°	— 2,15°
25. Januar 1900	3,0°	6°	+ 3°

Solche Temperaturunterschiede kommen aber gewiß nicht
bei dem kaum 2 Stunden dauernden Aufenthalt im Bünge-
berge zu stande, sondern wohl durch Mischung mit anderem
hier zirkulierenden Wasser.

Namentlich in engen Spalten können aber schon bei ge-
ringerer Wasserzufuhr Niveauerhöhungen von solchem Betrage
eintreten, daß der Abfluß auch nach S. erfolgen muß, und das

trifft vielleicht in denjenigen Fällen zu, wo sich an dem
nördlichen Hange der von den Wassersystemen geschnittenen
Täler Wasseraustritte finden, wie zum Beispiel am Sprengelborn. Käme auch hier die Wasserzuführung von S., so wäre
viel eher zu erwarten, daß an der Südseite des Tales ein Aus-
laufen des Wassers einträte, man müßte sonst schon annehmen,
daß dort die Spalte durch lehmige oder tonige Massen gegen
die Tagesoberfläche abgedichtet wäre.

Die Ergebnisse der Färbeversuche in Bezug auf die Geschwindigkeit der Wasserbewegung im Plänergebirge
sind in beifolgender Tabelle zusammengestellt.[1]) Dabei ist
die Dauer der unterirdischen Zirkulation des gefärbten Wassers
nach dem ersten Wiederauftreten der Färbung in Rechnung
gezogen; es bleibt aber zu bedenken, daß der Weg zu anderen
benachbarten Quellen bei derselben Färbung oft erheblich
länger gedauert hat.

Färbung		am	unterirdischer Weg des Wassers in Kilometern	zurückgelegt in Stunden	Weg des Wassers pro Stunde in Metern
I.	1.	Juni 1897	9	32	281
II.	3.	Juni 1897	6,6	21	314
III.	11.	August 1897	6,9	60½	114
IV.	24.	November 1897	8,6	80	108
V.	5.	Dezember 1898	12	89	135
VI.	10.	Januar 1899	12	44	280
VII.	15.	Juni 1899	15,9	61½	259
VIII.	16.	Oktober 1901	8,3	ca. 42	198
IX.	9.	November 1901	10,2	86	119
X.	17.	April 1902	7,8	ca. 36	217

Wir sehen aus diesen Daten, daß bei den einzelnen Färbungen die Geschwindigkeit des Wassers infolge der so verschiedenen Passierbarkeit seiner Wege außerordentlich ver-

[1]) Über die Ergebnisse der Wasserfärbungen bis zum Jahre 1899
gibt auch Gaunitz l. c. S. 52 eine Zusammenstellung. Daß diese sich
nicht ganz mit der meinigen deckt, erklärt sich daraus, daß von Gaunitz
der Weg des Wassers in der Luftlinie, von mir aber entlang den oben
näher festgelegten Spaltensystemen in Rechnung gezogen wurde.

schieden gewesen ist. Die Durchschnittsgeschwindigkeit aus
sämtlichen Färbungen beträgt, da insgesamt 87,3 Kilometer in
542 Stunden zurückgelegt wurden, 162 Meter pro Stunde;
zum Durchfließen eines Kilometers ist also ein durchschnittlicher Zeitraum von 6 Stunden 10 Minuten gebraucht worden.

Im allgemeinen hat die Färbung in den Quellen nur wenige
Stunden, niemals länger als einen Tag angehalten; schon hieraus
ist zu schließen, daß größere Reservoirs, etwa große unterirdische
Teiche, wie vielfach im Paderborner Lande geglaubt wird, nicht
vorhanden sein können. Würde das gefärbte Wasser in seinem
unterirdischen Verlaufe solche kreuzen, so würde sich die
Färbung in ihnen ausbreiten, und die von hier gespeisten
Quellen müßten sich so lange gefärbt zeigen, bis eine gänzliche
Erneuerung des Wassers in den unterirdischen Reservoirs eingetreten wäre; dazu genügen aber gewiß nicht Zeiträume von
wenigen Stunden.

VI. Begründung der physikalischen Erscheinungen an den Paderquellen aus den Ursprungsverhältnissen.

Aus der oben näher beschriebenen Wasserzuführung erklären sich eine Reihe an den Paderquellen zu beobachtender Erscheinungen.

Wir haben die Paderquellen in solche eingeteilt, die sich nach heftigen Niederschlägen zu trüben pflegen, und solche, die stets klar bleiben. Beide Kategorien von Quellen entspringen oft nur wenige Meter von einander entfernt unter gleichen geologischen Bedingungen, aus Spalten ein und desselben Systemes. Ich verweise wieder auf die Quellen zu Kirchborchen, die mit südost-nordwestlichen, zum Teil durch Schichtenverschiebungen nachweisbaren Spalten zusammenhängen, und von denen viele sich trüben, während andere dazwischen liegende stets klar bleiben. Nun haben bei sämtlichen bisherigen Wasserfärbungen nur diejenigen Quellen sich gefärbt gezeigt, die sich nach heftigen Niederschlägen zu trüben pflegen; nicht ein einziges Mal hat sich irgend welche Färbung in den „klaren" Quellen nachweisen lassen. Gewiß stimme ich im allgemeinen GÄRTNER[1]) zu, daß wohl nur die positiven Resultate einen Wert haben, die negativen aber nicht, weil die geringsten Grade der Färbung möglicherweise übersehen worden sind; daß aber bei allen zehn Färbungen nicht ein einziges Mal trotz der sorgfältigsten Untersuchungen eine „klare" Quelle sich gefärbt

[1]) l. c. S. 52

zeigte, während die zeitweilig trüben Quellen ganz intensive
Färbungen aufwiesen, muß doch die Folgerung zulassen, daß
in die stets klaren Quellen überhaupt kein Flußwasser, —
denn nur solches ist bisher gefärbt worden —, gelangt, und
somit ist ein Zusammenhang zwischen der Aufnahme
von Flußwasser und den Quelltrübungen sicher vorhanden.

Damit soll aber keineswegs gesagt sein, daß in vereinzelten
Ausnahmefällen sich Trübungen nicht auch anderweitig erklären mögen. So weist GÄRTNER[1]) auf einen ihm von Professor
FUCHS berichteten Fall hin, wo eine Trübung in der Trink-
quelle I der Paderborner Wasserleitung von der Einströmung
von Schmutzwasser in Erdfälle 3,5 Kilometer südlich der
Stadt herrühren soll, und ähnliche Fälle mögen gewiß häufiger
vorkommen. Auch noch andere Gründe giebt es für gelegent-
liche Quelltrübungen: so hat sich vor etwa einem Jahre
der Bollerborn bei Altenbeken, eine sonst stets klare, schöne
Quelle, plötzlich stark milchig getrübt gezeigt, und diese
Trübung hat etwa einen Tag angehalten. Zum Bollerborn
dürfte aber die Wasserzuführung von SSO. kommen, aus dem
Grenzgebiete von Mittlerem Muschelkalk und Unterer Kreide,
wo die Erdfälle dicht gedrängt liegen, und so mag vielleicht
seine ganz vorübergehende Trübung mit der Entstehung eines
neuen Erdfalles zusammenhängen, wobei allerlei Schmutz-
material in den zum Bollerborn hinführenden unterirdischen
Wasserlauf gelangte.

Die regelmäßig wiederkehrenden Trübungen der Paderquellen sind aber zweifellos auf die Aufnahme offenen Flußwassers
zurückzuführen. Nach jedem stärkeren Regengusse nehmen die
von der Egge kommenden Bäche infolge des in sie gelangenden
feinen Gaultsandsteinmaterials und anderer Trübungen eine
schmutziggraue bis rotbraune Färbung an; im späteren unterirdischen Verlaufe kann aber von einer Filtration in den breiten
Kanälen des Plänergebirges kaum die Rede sein, und mag
auch hier und da, wo die Wasserbewegung etwas ruhiger ist,

[1]) l. c. S. 118.

ein kleiner Teil der mitgeführten Sinkstoffe sedimentiert
werden, so wird doch die Hauptmasse bei der Schnelligkeit
der Wasserbewegung mitgeführt und kommt in den Paderquellen wieder zu Tage.

In den Spaltensystemen des Plänergebirges zirkuliert also
zweierlei Wasser, nämlich

1. gut filtriertes Quellwasser, und zwar entweder aus
   den Randgebieten der Kreidemulde unterirdisch zuge-
   führtes, oder durch Filtration in engeren Kluftnetzen
   des Pläners gereinigtes, oder vielleicht auch aus dem
   Liegenden des Cenomanmergels aufsteigendes Wasser,

2. schlecht filtriertes Oberflächenwasser, und zwar
   gehört hierher sowohl das versunkene Wasser der
   offenen Flußläufe, als auch das der atmosphärischen
   Niederschläge, das sich über Tage mit Schmutzstoffen
   belud und keiner Filtrierung in einem engporösen Gesteinskörper unterworfen wurde.

Die stets klaren Quellen dürften also mit Spalten zusammenhängen, das nur Wasser der ersten Art führt, während Wasser
beiderlei Arten in den zeitweilig trüben Quellen zu Tage kommt.

Nun kennen wir in Paderborn einzelne Quellen, die
keineswegs regelmäßig nach heftigen Niederschlägen Trübungen
zeigen, sondern nur in ganz seltenen Ausnahmefällen, wie
zum Beispiel die Wasserleitungsquellen I und II. Das ist in
vielen Fällen gewiß so zu erklären, daß im allgemeinen die
zu den fraglichen Quellen hinführenden Spalten nur gutes
Quellwasser führen, daß aber bei ganz besonderen Verhältnissen des Wasserstandes eine Verbindung mit benachbarten
Spalten, die Flußwasser oder sonstiges schlecht filtriertes Wasser
führen, zu stande kommt.

Was die Abhängigkeit des Wasserreichtums der
Paderquellen von den Niederschlagsverhältnissen im
Ursprungsgebiete anlangt, so habe ich die von der Stadt
Paderborn längere Zeit fortgesetzten regelmäßigen Messungen
der Pader mit den mir vom Königlichen Meteorologischen
Institute zur Verfügung gestellten Niederschlagshöhen in
Vergleich gebracht, und es hat sich dabei ergeben, daß

lang anhaltende Regenperioden im tributären Gebiete im
allgemeinen erst 3—4 Monate später eine Erhöhung der Gesamtwassermenge der Paderquellen herbeiführen, wenn auch
die eine oder andere Quelle, namentlich unter den häufig trüben,
oft schon nach wenigen Tagen eine Beeinflussung durch die
Niederschlagsmengen im Ursprungsgebiete zeigt. Die Schwankungen der meisten „klaren" Quellen geben aber ein Abbild
der Schwankungen der Gesamtwassermenge, und es ist zum Beispiel eine alte Erfahrung, daß die Wassermenge der Paderborner Wasserleitungsquellen I und II in Abhängigkeit von den
3—4 Monaten vorher gefallenen Regenmengen steht. So erklärt sich nur aus den reichlichen Niederschlägen des Früh-
jahrs, daß in dem so außerordentlich trockenen Sommer 1901,
in dem wochenlang die Niederschläge ganz ausblieben, einzelne
Quellen ihr Wasser behielten, die in anderen weniger trockenen
Sommern, denen aber ein viel trockeneres Frühjahr voranging, versiegt waren, daß zum Beispiel auch die Altenau, die in
manchen Jahren schon unterhalb Henglarn trocken liegt, im
Hochsommer 1901 bis hinaus über Etteln, bis zum Papenberge, Wasser geführt hat. Auch die Wassermenge der Kirchborchener Quellen ist im Sommer von den Niederschlagshöhen
des Frühjahres nach Beobachtungen der an dieser Frage ja
ganz besonders interessierten Müller abhängig.

Nun haben aber die Färbeversuche ergeben, daß das
Wasser im Plänergebirge außerordentlich schnell zirkuliert,
daß zum Beispiel der Weg von Lichtenau nach Paderborn
in wenigen Tagen durchmessen wird. Das Wasser kann
also nur den kleinsten Teil der Zeit seiner unterirdischen
Zirkulation in den breiten Hauptspaltensystemen zubringen.
Bis es in diese gelangt, muß es aber ein Gebirge durchfließen, das seine Zirkulation ganz außerordentlich verlangsamt,
und zwar das Plänergebirge außerhalb der Hauptkanäle,
in dem es an leicht passierbaren Wegen fehlt, oder die
sandigen Gebiete des Eggegebirges. Namentlich in den
kapillaren Hohlräumen des letzteren kann es nur ganz allmählich vordringen, ohne daß es hier auflösend wirkt und
sich damit seine Wege erweitert, und hier werden vielleicht

wenige Meter in derselben Zeit durchmessen, in der das Wasser
in den breiteren Kanälen des Plänergebirges ebensoviele Kilometer zurücklegt. So ist gewiß in erster Linie die Egge
das nachhaltige Reservoir für die Speisung der Paderquellen,
die das Versiegen im Sommer auch nach langen Trocken-
perioden verhindert. Am südlichsten Eggegebirge haben
die sandigen Schichten gegenüber dem cenomanen Mergel und
untersten cenomanen Pläner allerdings nur eine geringe Oberflächenverbreitung. Da der cenomane Mergel hier aber höchstens
noch 20—25 Meter mächtig ist, so liegen sie schon in geringer
Tiefe unter Tage, und so gelangt ein großer Teil des Wassers
der atmosphärischen Niederschläge durch die Klüfte des Cenomans in sie hinein, und kann erst ganz allmählich nach N.
und NW. abfließen.

Weiter unten wird noch von Quellen die Rede sein, deren
tributäres Gebiet nicht über das Plänergebirge hinausgreift,
und die infolgedessen im Sommer häufig trocken liegen.

An den Paderborner Quellen beobachteten wir große Unter-
schiede in Bezug auf die jährlichen Temperaturschwankungen, die bei manchen nur wenige zehntel Grad betragen,
bei anderen aber recht bedeutend sind und sich bis über
5 Grad steigern können. Der Betrag der Temperaturschwankungen steht aber im Zusammenhange mit der Zeit,
die das zu den Quellen hinführende Wasser unter Tage zu-
bringt, denn die Anpassung an die Temperatur des Erdkörpers
kann um so vollkommener eintreten, je länger die unterirdische
Zirkulation dauert. Das Plänergebiet wird, wie wir sahen, im
allgemeinen schnell durchflossen, und so kann wenigstens in
seinen Hauptkanälen ein bedeutenderer Temperaturausgleich
nicht mehr erfolgen. Unverhältnismäßig langsamer geht aber
die Zirkulation in den sandigen Umrandungsgebieten des Pläners
vor sich, und hier hat das Wasser der atmosphärischen Niederschläge vollauf Zeit, sich der Temperatur des umgebenden
Erdkörpers anzupassen. Diejenigen vom Eggegebirge kommenden unterirdischen Wasserfäden, die aus dem Plänergebiete
keine oder nur verhältnismäßig geringe Zuflüsse bekommen,

in die namentlich kein offenes Flußwasser gelangt, werden in der Temperatur ziemlich konstante Quellen liefern, und tatsächlich ist mir unter den stets klaren Paderquellen auch nicht eine einzige bekannt geworden, deren jährliche Temperaturschwankung mehr als einen Grad betrüge. Damit soll nicht gesagt sein, daß das Wasser der sämtlichen in der Temperatur wenig schwankenden Quellen von der Egge kommt; gewiß mögen sich auch hier und da im Plänergebirge Verhältnisse finden, die das Wasser lange im Gesteinskörper zurückhalten und dadurch Ausgleiche in der Wassertemperatur ermöglichen.

Je mehr aber in eine Spalte Flußwasser gelangt, dessen Temperatur mit der Jahreszeit und den meteorologischen Verhältnissen sehr wechselt, um so größer sind auch, da während des kurzen Aufenthaltes in den Spaltensystemen des Pläners kein nennenswerter Temperaturausgleich erfolgen kann, die Wärmeunterschiede der mit dieser Spalte zusammenhängenden Quellen, und hierdurch erklärt es sich, daß die sich trübenden Quellen im allgemeinen auch den größten Temperaturschwankungen unterworfen sind. Dabei hat sich, wie schon GARTNER[1]) hervorhebt, aus den Beobachtungen FRICKE's ergeben, daß die Schwankungen infolge längerer Regenperioden zur kühlen Jahreszeit stark und negativ, zur warmen Jahreszeit geringer und positiv sind.

Eine Ausnahme machen Börnepader und Blauer Kolk, die sich nach stärkeren Niederschlägen trüben, dabei in der Temperatur aber recht konstant sind. Die Börnepader ist ein außerordentlich wasserreicher Paderarm; sie entspringt mit circa 22 einzelnen Quellen, die in der Temperatur völlig übereinstimmen, also wohl bis kurz vor ihrem Zutagetreten zusammen fließen. So führt ein außerordentlich wasserreicher und einheitlicher unterirdischer Wasserlauf zu den Börnepaderquellen hin, und um die Temperatur eines solchen meßbar zu beeinflussen, sind schon erhebliche Wassermengen nötig. So werden wohl die verunreinigenden Zuflüsse im Plänergebiete

[1]) l. c. S. 110.

im Vergleich zu der Wassermenge im Hauptzuführungskanale
der Börnepader nur quantitativ gering sein, die Börnepader
die Verunreinigungen also in relativ konzentrierter Form zugeführt bekommen. Ähnlich mögen auch die Verhältnisse bei
den wasserreichen warmen Quellen des Blauen Kolkes liegen.

Die so verschiedene Temperatur der Paderquellen
erklärt sich keineswegs, wie bisher allgemein angenommen
wurde, aus der verschiedenen Tiefenlage der wasser-
dichten Schichten im Untergrunde Paderborns, denn
deren müßten bei den so verschiedenen Temperaturen eine
große Anzahl vorhanden sein, während tatsächlich nur eine
einzige, der Cenomanmergel für die Wasserführung irgend
welche Bedeutung hat. Wir wissen aber, daß das von S. zugeführte Wasser nur verhältnismäßig kurze Zeit im Untergrunde Paderborns verweilt, und deshalb kann hier keine
nennenswerte Beeinflussung der Temperatur eintreten. Vielmehr ist die Wärme jeder einzelnen Quelle in einer
Reihe von Umständen weit südlich und südöstlich von
Paderborn begründet. Stellen wir uns einen unterirdischen
Wasserfaden vor, der aus der Tiefe des Eggegebirges zu den
Paderquellen hinführt, ohne in der Paderborner Hochfläche
nennenswerte Zuflüsse zu erhalten; bei der Kürze der Zeit, die
er zum Durchfließen des Plänergebirges gebraucht, werden keine
großen Änderungen seiner Temperatur eintreten, und so ist
die Temperatur der von ihm gespeisten Quelle gewiß nicht
von irgendwelchen Verhältnissen im Untergrunde Paderborns
abhängig, sondern ganz vorwiegend von der Erdwärme
gerade in derjenigen Tiefe der Egge, aus der die Wasserzuführung kommt. Andere Wasserfäden erhalten unterwegs
Zuflüsse, und ihre Temperatur kommt durch Mischung von
Wassermengen verschiedener Wärmegrade zu stande. Die Wärme
jeder einzelnen Quelle ist also das Resultat recht verschiedener
Einzelumstände, und so erklärt sich auch, daß kaum eine der
Paderquellen mit einer anderen in der Temperatur völlig
übereinstimmt. Eine Ausnahme hiervon bildet die Börnepader,
wovon schon die Rede war.

Die Temperatur des Wassers in den einzelnen Zuführungs-

fäden hängt mit der Tiefenlage der Wasseransammlung, von
der sie ausgehen, zusammen, und zwar natürlich mit der Tiefe
unter Terrain, nicht mit der absoluten Tiefe; so werden auch
in Gebirgslagen gleicher Meereshöhe in der Temperatur recht
verschiedene Wasserfäden ihren Ursprung nehmen können, wenn
in einem Falle die deckenden Gesteinsschichten mächtiger sind,
als im anderen.

Bei den Quellen, deren Zuflüsse nur aus der Pläner-
hochfläche kommen und in deren Ursprungsgebiete kein offenes
Flußwasser versiegt, sind nach obigen Ausführungen folgende
Eigenschaften zu erwarten:

1. die regelmäßigen Trübungen der Quellen, die offenes
   Flußwasser aufnehmen, fehlen;
2. die Menge des Wassers unterliegt recht erheblichen
   Schwankungen, da kein nachhaltiges Reservoir für die
   Quellspeisung vorhanden ist;
3. die Temperatur schwankt beträchtlich, da bei der
   verhältnismäßig schnellen Zirkulation im Kalkgebirge
   nur eine geringe Anpassung an die Temperatur des
   Gesteinskörpers möglich ist.

Diese Eigenschaften zeigen die Quellen nordöstlich von
Paderborn (Typus der Dörener Quellen), und tatsächlich ist
deren Wassergebiet auch, wie wir früher gesehen haben, auf
einen kleinen Teil der Plänerhochfläche, in dem kein Flußwasser
versiegt, beschränkt.

Kurze Zusammenstellung der Untersuchungsergebnisse über den Ursprung der Paderquellen.

1. Die Paderquellen entspringen als „Barrieren-quellen" infolge Stauung des in den Klüften des Plänergebirges von S. und SO. herbeigeführten Wassers an der wasserundurchlässigen Decke von Emscher Mergel.

2. Ihr Quellgebiet umfaßt ein Areal von rund 250 Quadratkilometern und wird nach O. und SO. etwa durch den Kamm des Eggegebirges, nach N. durch die Linie Paderborn-Schwaney, nach W. durch die Linie Paderborn - Hamborn - Ebbinghausen - Dahlheim begrenzt.

3. Die Paderquellen gruppieren sich zu einer östlichen und einer westlichen Quellzone, deren Wasserscheide etwa in der Linie Paderborn-Dörenhagen-Lichtenau-Holtheim verläuft.

4. Nach ihren physikalischen Verhältnissen sind die Paderquellen einzuteilen in

   I. Stets klare Quellen.

      A. Temperaturschwankung gering (höchstens 1°).

         1. Warme Quellen . . Typus der Warmen Pader.

         2. Kalte Quellen . . Typus des Rotheborn.

      B. Temperaturschwankung beträchtlich (1,8—5°) . Typus der Dörener Quellen.

8*

II. Zeitweilig trübe Quellen.

    A. Temperaturschwankung gering (höchstens 1°).

        1. Warme Quellen . . Typus des Blauen Kolkes.

        2. Kalte Quellen . . Typus der Börnepader.

    B. Temperaturschwankung

        beträchtlich (1½—4°). Typus der Spülpader.

5. Die eigenartigen hydrologischen Verhältnisse der Paderborner Hochfläche liegen in der großen Durchlässigkeit des klüftigen Plänerbodens begründet, in dem auch die vom Eggegebirge kommenden Bachläufe verschwinden.

6. Die Wasserführung zu den Paderquellen im Untergrunde der Paderborner Hochfläche geht nach N. und NW., und ist nicht oder nur in ganz zurücktretender Weise an irgend welche wasserundurchlässigen Zwischenlagen des Pläners, sondern fast ausschließlich an Spaltensysteme gebunden.

7. Der Verlauf der wasserführenden Spaltensysteme gibt sich über Tage

    a) durch tektonische Verschiebungen,

    b) durch Erdfälle,

    c) durch Wasseraustritte im Kreuzungspunkte der Spaltensysteme mit den tief eingeschnittenen Tälern des Plänergebirges zu erkennen.

    Die Erdfälle sind vielfach nach bestimmten Linien angeordnet, in deren Schnitt mit den Tälern Quellen entspringen.

8. Zur westlichen Quellzone der Paderquellen führt das Busch-Paderborner Wassersystem, das aus der Scharung mehrerer Wassersysteme südlich Busch hervorgeht. Zu der östlichen Quellzone führen drei Wassersysteme, die erst in der nächsten Umgebung der Stadt sich zu vereinigen scheinen, das Lichtenau-Paderborner, das Grundsteinheim-Dahl-Paderborner und das Schwaney-Paderborner. In ganz beschränkter Weise besteht im Untergrunde der Stadt eine Verbindung zwischen den Zuführungswegen der östlichen und westlichen Quellzone.

9. Die Wege sind dem unterirdisch zirkulierenden
   Wasser durch die tektonischen Verhältnisse des
   Gebietes gewiesen, werden aber fortwährend durch
   physikalische und chemische Auflösung des Plänerkalkes erweitert. Nur in Gebirgsteilen, wo es an
   langaushaltenden tektonischen Spalten fehlt, scheinen
   die Wege des Wassers allein durch unterirdische Erosion
   bedingt zu sein.

10. Die Festlegung der unterirdischen Wasserläufe führt
    auch dort zur Erkenntnis der Spaltensysteme, wo
    Schichtenverschiebungen nicht eingetreten sind, und
    die geologische Kartierung also die Spalten nicht nach-
    weisen kann. So lassen vorwiegend die hydrologischen
    Verhältnisse erkennen, daß die Spaltensysteme im
    Paderborner Plänergebirge etwa gleichsinnig
    mit den Verwerfungssystemen des Teutoburger
    Waldes verlaufen und gleich diesen aus der
    süd-nördlichen in die südost-nordwestliche
    Richtung einlenken.

11. Wie ein Spaltensystem sich aus einer großen Zahl
    einzelner, parallel verlaufender Spalten zusammen-
    setzt, so besteht ein Wassersystem im Untergrunde
    der Plänerhochfläche aus vielen einzelnen, einiger-
    maßen gleichsinnig gerichteten Wasserfäden,
    die hier und da mit einander in Verbindung stehen,
    vielfach aber auf weite Strecken unabhängig von ein-
    ander sind.

12. Die gegenseitige Unabhängigkeit der Wasser-
    führung zweier Spalten kommt in den Niveau-
    differenzen des Wassers und in dessen verschiedenen
    physikalischen und chemischen Verhältnissen zum Aus-
    drucke, und es entspringen aus benachbarten Spalten
    ein und desselben Systemes Quellen, die in Bezug auf
    Wärme, Trübungen, Härte, Chlorgehalt etc. völlig ver-
    schieden von einander sind.

13. Die jeweilige Höhe des Wasserspiegels in einer
    Spalte ist von den Bedingungen des Zuflusses und Ab-
    flusses abhängig.

14. Der Zufluß ist von der Terrainentwickelung über der
    Spalte, von ihrer Kommunikation mit Schwalglöchern,
    die das Wasser der offenen Bachläufe aufnehmen, von
    ihrer Fortsetzung nach S. und der Lage im Spalten-
    bündel abhängig. Die randlichen Spalten eines Systemes
    führen im allgemeinen die größten Wassermengen,
    da sich die Abflüsse der zwischen den Hauptspalten-
    systemen liegenden Gebirgspartien zunächst in sie
    ergießen; dementsprechend sind in einer Reihe von
    Quellen, die aus Spalten ein und desselben Systemes
    entspringen, die randlichen auch im allgemeinen die
    stärksten.

15. Der Abfluß aus den Spalten ist abhängig von der
    schwereren oder leichteren Passierbarkeit für das zirku-
    lierende Wasser.

16. Die Geschwindigkeit der Wasserbewegung in
    den Hauptkanälen des Plänergebirges ist recht ver-
    schieden; die Durchschnittsgeschwindigkeit nach den
    Ergebnissen der bisher ausgeführten Wasserfärbungen
    beträgt 162 Meter pro Stunde.

17. Bei sämtlichen bisher ausgeführten Färbungen ver-
    schwindenden Bachwassers hat sich die Färbung nur
    in den zeitweilig trüben, nie in den stets klaren
    Quellen gezeigt; hiernach dürfte ein Zusammenhang
    zwischen den regelmäßig wiederkehrenden
    Quelltrübungen und der Aufnahme offenen
    Flußwassers bestehen.

18. Die Gesamtwassermenge der Paderquellen schwankt
    mit den 3—4 Monate vorher gefallenen Regenmengen.
    Da nun der Wasserabfluß im Plänergebirge ein ver-
    hältnismäßig schneller ist, so liegt das nachhaltige
    Reservoir zur Speisung der Paderquellen nicht
    hier, sondern außerhalb des Plänergebirges in seinen
    sandigen Umrandungsgebieten, also am Eggegebirge.

19. Das im Plänergebirge aufgenommene Oberflächenwasser
    verweilt hier nur verhältnismäßig kurze Zeit und kann
    sich nur in beschränkter Weise der Temperatur des

Untergrundes anpassen; somit zeigen die Quellen, die nur aus dem Plänergebiete gespeist werden oder doch von hier starke Zuflüsse erhalten, bedeutende jährliche Temperaturschwankungen (Quelltypus I B und II B). In dem viel schwerer passierbaren, sandigen Untergrunde des Eggegebirges ist aber ein vollkommenerer Temperaturausgleich möglich, und so haben die von hier ihr Wasser beziehenden Quellen auch viel konstantere Temperaturen (Quelltypus I A).

Immerhin mögen sich aber auch hier und da im Plänergebirge Verhältnisse finden, die ein längeres Verweilen und Temperaturausgleiche des Wassers herbeiführen.

20. Da die Quelltrübungen der Paderquellen mit der Zuführung offenen Flußwassers im Plänergebirge zusammenhängen, so zeigen die zeitweilig trüben Quellen eigentlich durchweg starke jährliche Temperaturschwankungen (Typus II B).

21. Nur Börnepader und Blauer Kolk (Typus II A) machen insofern eine Ausnahme, als sie sich häufig trüben, dabei aber in der Temperatur recht konstant sind; das erklärt sich dadurch, daß die Menge des ihnen zugeführten ehemals offen fließenden Wassers im Vergleich zur übrigen Wassermenge nur gering ist, also auch keine nennenswerten Temperaturschwankungen hervorrufen kann.

22. Die Temperatur der Paderquellen ist nicht von der Tiefe abhängig, in der sie im Untergrunde der Stadt Paderborn entspringen, — denn hier ist der Aufenthalt des Wassers nur ein verhältnismäßig kurzer —, sondern von der Tiefenlage der sie speisenden Wasseransammlung im Ursprungsgebiete, zum Beispiel an der Egge, ferner von der Menge und Temperatur der in das Wasser auf seinem Wege nach Paderborn gelangenden Zuflüsse und anderen außerhalb Paderborns zutreffenden Umständen.

Anhang.

Einige allgemeine Gesichtspunkte für Wasserversorgungs-anlagen im Plänergebiete.[1]

Für die Wasserversorgung der Ortschaften im Pläner-gebiete kommen neben der Ansammlung des Regenwassers in Cisternen namentlich folgende Möglichkeiten in Betracht:

I. Zuleitung aus den quellreichen Randgebieten des Plänergebirges,

II. Gewinnung von Wasser aus dem Untergrunde.

I. Zuleitung aus den quellreichen Randgebieten des Plänergebirges.

Eine von vornherein recht aussichtsvolle, wenn auch in den meisten Fällen sehr kostspielige Wasserversorgung der Ortschaften im Plänergebirge kann durch Zuleitung aus den quellreichen Randgebieten geschehen; einen Anfang in dieser Beziehung macht zur Zeit das Dorf Dahl durch Zuleitung einer bei Schwaney gelegenen Quelle. Der Westhang der Egge ist ja außerordentlich reich an Quellen; das hier entspringende

---

[1] Anmerkung: Dieser Abschnitt enthält manches, das sich aus dem vorher Gesagten für den Fachmann von selbst ergibt; er ist aber auch weniger für diesen, als für ein weiteres an der Frage der Wasser-versorgungsanlagen im Plänergebirge interessiertes Publikum bestimmt.

Wasser hat eine längere Filtration in den sandigen Schichten
der Unteren Kreide erfahren, es sammelt sich in Gebieten, die
fast ausschließlich mit Wald bedeckt und frei von Siedelungen
sind, und muß somit auch in hygienischer Beziehung allen
Anforderungen genügen.

In manchen Fällen dürfte sich, namentlich wenn es sich
darum handelt, eine Reihe von Ortschaften von derselben
Stelle aus zu versorgen, eine Ansammlung hinter Talsperren
empfehlen, um den Wasserüberfluß der feuchten Periode für
trockenere Zeiten zurückzuhalten. Eine geologische Untersuchung der für die Talsperre in Aussicht genommenen Ört-
lichkeit muß vorausgehen, um festzustellen, ob nicht etwa
Verwerfungsspalten oder Zerklüftungen ihren Untergrund durchsetzen, ob dieser genügend Widerstandsfähigkeit gegen den
Druck der Sperre und des angehäuften Wassers bietet, ob
namentlich nicht die Gefahr einer zu starken Durchfeuchtung
unter dem erhöhten Wasserdrucke besteht usw.

II. Gewinnung von Wasser aus dem Untergrunde.

Dort wo der Pläner durch mächtigere und ausgedehntere
Diluvial- oder Alluvialbildungen überdeckt wird, ist in vielen
Fällen in geringer Tiefe auf Wasser zu hoffen. Solche jüngeren
Bildungen fehlen aber in dem näher behandelten Gebiete südlich und südöstlich Paderborn, und erst etwas westlich rücken
Geschiebemergel und diluviale Sande weiter nach S. vor. So
finden sie sich zum Beispiel bei Wewer südwestlich Paderborn,
und hier stehen die Brunnen ganz vorwiegend in den sandigen
Zwischenlagen des Geschiebemergels. Nach S. reicht der Geschiebemergel etwa bis Tudorf; bei Niederntudorf fehlen zwar
die sandigen Zwischenlagen, aber der ganze Geschiebemergel
ist stark durchfeuchtet, und so halten die in ihm stehenden
Brunnen auch Wasser, wenn auch im allgemeinen nur in
geringer Menge.

Es ist in diesen Gebieten, wie auch sonst, wo das Wasser
aus dem Hangenden des klüftigen Plänerkalkes bezogen wird,
außerordentlich bedenklich, die Sohle der Brunnen in der

Hoffnung auf größere Wassermengen zu vertiefen. Wird dabei
der Pläner erreicht, so besteht Gefahr, daß in seinen Klüften
das aus höheren Schichten stammende Wasser verschwindet.
Gleichfalls schlechte Erfahrungen, wenn auch in anderer Weise,
hat man bei der Vertiefung eines Brunnens in Niederntudorf
gemacht; zunächst stand dessen Sohle im Geschiebemergel, und
der Brunnen lieferte gutes Trinkwasser, wenn auch in un-
genügender Menge; beim Vertiefen erreichte man den Pläner,
und seitdem ist die Quantität des Wassers zwar ausreichend,
aber die Qualität durchaus unbefriedigend; der Wasserstand
ist also im Plänergebirge unter dem Brunnen lokal sehr hoch,
aber das Wasser ist hier durch die Abflüsse aus den höher
liegenden Teilen des Dorfes, die von den Klüften des Pläners
aufgenommen werden, verunreinigt.

Die Bäche fließen nun im Plänergebiete nur so lange über
Tage, wie sie durch Alluvionen gegen den klüftigen Untergrund abgedichtet sind; kommen sie mit diesem in Berührung,
so treten Wasserverluste ein, oder der Bach verschwindet
ganz. Das läßt vermuten, — und die praktischen Erfahrungen
haben dieses überall bestätigt, — daß auf größere Grund-
wassermengen in den Alluvionen der Täler über dem klüftigen,
alles Wasser begierig aufnehmenden Untergrunde nicht zu
rechnen ist.

Unter normalen Verhältnissen sind ja weit ausgedehnte
Kieslager eine recht zuverlässige Wasserbezugsquelle; das trifft
aber für die Gegend nordöstlich von Paderborn nicht zu, soweit
dort Plänerkalk den Untergrund des Schotters bildet und das
in den Kies gelangende Wasser bald aufnimmt; in diesem
Gebiete führt der Kies erst von dort an etwas größere Grund-
wassermengen, wo ihn die undurchlässigen senonen Mergel
unterlagern.

Vor einigen Jahren sind in der Nähe der Schießstände
ca. 2 Kilometer nördlich der Stadt Paderborn eine Reihe von
Brunnen in der Hoffnung niedergebracht worden, von hier aus
die ganze Stadt mit Wasser zu versorgen. Die angetroffenen
Wassermengen waren aber nicht ausreichend, und zwar wohl
deswegen, weil das Wasserbezugsgebiet des im Kiese zur Lippe

hinabgehenden Grundwasserstromes erst dort beginnt, wo Emscher Mergel unter dem Kies ansteht, also etwa in der Linie Paderborn-Dören-Krespohl-Kleehof.

Allgemeine Gesichtspunkte über die Aussichten von Tiefbohrungen im Plänergebirge ergeben sich aus den Erfahrungen über die Wege des Wassers, ihre Erkennung über Tage und den näheren Vorgang der Wasserführung.

Wir sahen, daß wasserundurchlässige Schichten im Plänergebirge im Hangenden des Cenomanmergels so gut wie gänzlich fehlen, daß namentlich auch der Mytiloides-Mergel stark durchlässig ist; infolge dessen ist Schichtwasser, außer im Hangenden des Unteren Cenoman, im ganzen Plänergebirge nicht zu erwarten, vielmehr ist man bei Wasserversorgungsanlagen fast ausschließlich auf das in den Spalten des Gebirges zirkulierende Wasser angewiesen.

Soll festgestellt werden, ob an einem bestimmten Punkte auf Wasser gerechnet werden kann, so ist zunächst zu ermitteln, ob er über einem Systeme wasserführender Spalten liegt. Für die Gegend von Paderborn ist das ohne weiteres auf Taf. III abzulesen; für andere Plänergebiete ist in ähnlicher Weise, wie bei Paderborn die Entscheidung nach Lage der Verwerfungen, Erdfälle und Quellaustritte zu treffen. Liegt der in Frage stehende Punkt außerhalb eines wasserführenden Spaltensystems, so ist damit noch nicht ganz ausgeschlossen, daß in seinem Untergrunde Wasser angetroffen wird, denn auch außerhalb der Hauptwassersysteme findet, wie wir sahen, in beschränkter Weise eine Wasserzirkulation statt.

Die große Unwahrscheinlichkeit eines Erfolges und die hohen Kosten einer Tiefbohrung rechtfertigen es aber im allgemeinen nicht, an solchen Stellen nach Wasser zu suchen.

Hat sich herausgestellt, daß der fragliche Punkt im Bereiche eines Wassersystems liegt, so ist dennoch ein Mißerfolg nicht ausgeschlossen. Es bleibt eben zu bedenken, daß ein Wassersystem aus einzelnen Fäden oder Kanälen besteht, die durch mehr oder weniger wasserfreie

Gesteinspartien von einander getrennt sind, und so wird manche Bohrung völlig ergebnislos verlaufen, während eine andere dicht daneben vielleicht schon in geringer Tiefe Wasser erschließt.

Manche wasserführenden Spalten geben sich über Tage dadurch zu erkennen, daß an ihnen Schichtenverschiebungen eingetreten sind, daß sie also zugleich Verwerfungen sind. Die hauptsächlichsten dieser Verwerfungen sind für das Paderborner Gebiet in den Tafeln II und III verzeichnet; damit ist ihre Zahl aber nicht erschöpft, vielmehr finden sich noch eine große Menge anderer, an denen die Verschiebungen zu gering sind, um in einer geologischen Karte größeren Maßstabes zum Ausdrucke zu kommen, die aber für die Wasserführung vielleicht die gleiche Bedeutung haben, wie die in der Karte dargestellten. Somit hat einer Wasserversorgung im Plänergebirge eine ganz spezielle Untersuchung auf etwa vorhandene Schichtenverschiebungen hin, und seien sie noch so unbeträchtlich, voranzugehen; finden sich solche, so ist auf ihnen in erster Linie nach Wasser zu suchen.

Manche dieser wasserführenden Spalten, und vielleicht sogar die Mehrzahl von ihnen, sind aber im geologischen Oberflächenbilde nicht zu erkennen, da keine Schichtenverschiebungen an ihnen eingetreten sind. In solchen Fällen geben andere Erscheinungen, wie z. B. Erdfälle, die unterirdischen Wasserwege an, und namentlich wo die Erdfälle reihenweise angeordnet sind, ist unter ihnen mit Sicherheit auf Wasser zu rechnen.

In sehr vielen Fällen verspricht es besten Erfolg, an solchen Stellen Brunnen niederzubringen, an denen Wasseraustritte erfolgen, und seien sie noch so minimal und zeigen sie sich auch nur zu Zeiten höchsten Grundwasserstandes. Zunächst muß zwar versucht werden, durch eine genauere geologische Untersuchung des Terrains oder durch kleine Aufschürfungen über die Natur eines solchen Wasseraustrittes Klarheit zu gewinnen: er ist nämlich entweder der Überlauf einer in der Tiefe aufsetzenden Spalte, oder er kommt durch Ansammlung von Wasser über einer stärker mergeligen und daher undurch-

lässigen Zwischenlage des Plänerkalkes zu stande. Ergibt sich,
daß er im Bereiche eines Grundwassersystemes, also eines
Bündels wasserführender Spalten liegt, so ist die Wahrschein-
lichkeit groß, daß er den Überlauf einer Spalte bildet: trotzdem sind hier kleinere Aufschürfungen zweckmäßig. Sollte
es sich um Sammelwasser handeln, so wird nach Durchstechen
der in den meisten Fällen nur geringmächtigen undurchlässigen
Gesteinslage das Wasser im klüftigen Untergrunde verschwinden;
tritt dieses aber nicht ein und ist womöglich bei der Aufschürfung
zu erkennen, daß das Wasser aus einer Spalte des Plänerkalkes
hervorquillt, so ist die Lokalität für eine Brunnenanlage
geeignet. Das Versiegen des Wassers in der trocknen Jahreszeit ist dann nur eine Folge davon, daß bei dem allgemeinen
Sinken des Wasserniveaus im Erdboden der Wasserspiegel in
der fraglichen Spalte nicht mehr an die Tagesoberfläche heran-
reicht, und es bedarf, um ständig Wasser zu haben, einer Vertiefung des Brunnens bis zu dem Punkte, unter den auch im
heißen Sommer das Wasserniveau nicht hinabsinkt.

Diese Vertiefung hat recht vorsichtig zu geschehen und,
wenn möglich, unter sorgfältiger Beobachtung, von welcher
Seite das Wasser zuströmt; nicht alle Spalten setzen nämlich
senkrecht in die Tiefe, sondern viele sind zur Vertikalebene
ein wenig geneigt, und hierauf ist nach Möglichkeit Rücksicht
zu nehmen. Deshalb wird es sich in Fällen, wo nach dem
Ergebnis einer geologisch-hydrologischen Untersuchung mit
Sicherheit auf Wasser gerechnet werden kann, empfehlen,
nicht eine Bohrung niederzubringen, sondern sofort mit einem
Brunnenschachte niederzugehen, um die Richtung des Zu-
strömens beobachten zu können.

Somit hat also der wassersuchende Geologe solchen
Stellen, die im Winter und Frühjahre, also zu Zeiten hohen
Grundwasserstandes, etwas feucht sind, an denen dann auch
wohl Wasser austritt, die „springig" sind, wie man im
Paderborner Lande zu sagen pflegt, oder an denen Binsen und
sonstige Feuchtigkeit liebende Pflanzen gedeihen, ferner solchen
Stellen, an denen im Winter der Schnee nicht liegen bleibt
oder doch verhältnismäßig schnell verschwindet, seine besondere

Aufmerksamkeit zuzuwenden. Vielfach, so besonders im Sommer,
ist er zwar nicht selbst in der Lage, solche Stellen zu erkennen,
sondern auf die Angaben der Grundbesitzer usw. angewiesen.

Über die Tiefe, in der an solchen Stellen auf Wasser
zu rechnen ist, sind sichere Angaben im allgemeinen nicht
zu machen. Läßt ein Wasseraustritt zu nasser Jahreszeit auch
vermuten, daß in nicht allzu großer Tiefe unter Tage der
konstante Wasserstand erreicht wird, so sind doch an
manchen Stellen des Plänergebirges die jährlichen Schwankungen des Wasserniveaus derartig beträchtlich, daß ein Hinabgehen in größere Tiefen erforderlich wird; am deutlichsten
erkennt man solche Schwankungen an dem Wasserstande
mancher Brunnen.

Bei den bedeutenden Niveaudifferenzen des Wassers selbst
in benachbarten Teilen ein und desselben Spaltensystemes sind
Rückschlüsse auf die erforderliche Tiefe einer Brunnenanlage
aus dem Wasserstande benachbarter Brunnen in den meisten
Fällen nicht angängig; namentlich besteht aber nicht die
geringste Abhängigkeit im Wasserstande der im Kalkfelsen
stehenden Brunnen von benachbarten offenen Wasserläufen
und Quellen. Vielfach beobachtet man zwar, daß bestimmte
Brunnen im Sommer nicht länger Wasser halten, als in der
Nachbarschaft liegende Quellen; damit ist aber die gegenseitige
Abhängigkeit nicht im geringsten erwiesen, und das Versiegen
beider ist die Folge ein und derselben Erscheinung, nämlich
des allgemeinen Sinkens des Wasserniveaus im Plänergebirge.
Eine Abhängigkeit trifft dann zu, wenn der Brunnen sein
Wasser aus derselben Spalte bezieht, die auch die Quelle speist.

Recht verbreitet ist im Paderborner Lande die Annahme,
die vielfach zu kostspieligen, aber ganz ergebnislosen Wasser-
versorgungsanlagen geführt hat, daß aus der Wasserführung
der offenen Flußläufe auf die Höhe des Grundwasserstandes
im angrenzenden Gebiete Rückschlüsse zu machen seien; das
trifft aber bei den eigenartigen hydrologischen Verhältnissen
des Plänergebirges durchaus nicht zu. So ist zum Beispiel
in beifolgender Skizze der Bach (b) nur durch die Alluvialbildungen (a) gegen den klüftigen Pläneruntergrund (cc) ab-

gedichtet und muß dort Wasser verlieren, wo er mit dem
Pläner in Berührung kommt. Das Wasserniveau einer Spalte
des Pläneruntergrundes liegt aber vielleicht 50 Fuß und mehr
unter der Tagesoberfläche, und hieraus ergiebt sich die erforderliche Brunnentiefe.

Fig. 3.

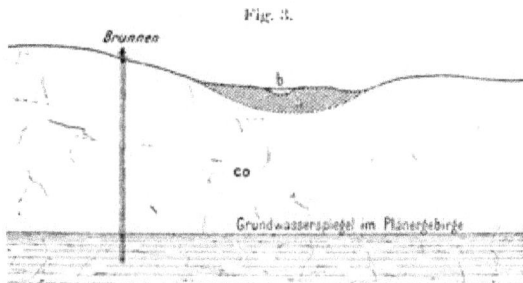

Die Wasseraustritte erfolgen nun vorwiegend im Schnitt
der Wassersysteme mit den tief in das Plänergebiet eingeschnittenen Tälern, nur ganz spärlich auf der Höhe des Plateaus,
und so sind auf dem Plateau im allgemeinen nicht mit gleicher
Sicherheit und in der gleichen Häufigkeit für eine Wasserversorgung geeignete Stellen anzugeben. Wohl kennen wir
auch hoch über den Talsohlen ständig fließende Quellen und
eine Reihe von Stellen, die im Frühjahre, oft bis in den
Sommer hinein, Wasser halten, die sogenannten Tränken und
Suhlen (siehe Seite 103).

Um zu entscheiden, ob an solchen Stellen eine Wasser-
versorgungsanlage Erfolg verspricht, sind zunächst wieder
die geologischen Bedingungen des Wasseraustrittes festzustellen.
Er kann mit Spalten zusammenhängen, wie einzelne der hoch-
liegenden, ständig fließenden Quellen, es kann sich aber auch
um eine Ansammlung von Tagewasser handeln. Manche dieser
„Tränken" liegen nun über Spaltensystemen, und ist bei solchen
auch in erster Linie auf Erfolg zu rechnen, so hat doch
eine genauere Untersuchung, am besten Hand in Hand mit
Aufschürfungen, dahingehend einzusetzen, ob das Wasser aus

der Tiefe kommt oder nur seitwärts oberflächlich oder über einer
undurchlässigen Gesteinslage dicht unter Tage zusammenläuft.
Ist die Abhängigkeit von einer Spalte erwiesen, so wird es in
den meisten Fällen keiner allzu großen Vertiefung bedürfen,
um ständig Wasser zu haben.

In manchen Fällen hat die Vertiefung von Brunnen im
Plänergebirge in der Hoffnung, dadurch mehr Wasser zu er-
schließen, zu einem völligen Versiegen geführt. Es ist eben
zu bedenken, daß alle Spalten keineswegs gleich weit in die
Tiefe reichen, sondern daß manche sich schon bald nach unten
schließen, daß sich aber unter ihnen wieder klüftiges, von
Wasser nicht erfülltes Gestein befindet; so kann eine weitere
Vertiefung eine Verbindung mit dem tieferen, wasserfreien
Untergrunde herbeiführen, in dem alles Wasser versinken muß.
Die Bewohner der „Sehert" östlich Etteln beziehen zum Beispiel
ihr Wasser aus dem „Sprengelborn", der in früheren Jahren
nie versiegt ist; etwas oberhalb des Sprengelbornes liegt der
„Prophetenbrunnen", der auch stets Wasser hielt. Diesen ver-
tiefte man, um seine Ergiebigkeit zu erhöhen, erreichte aber
nicht nur hier das Gegenteil, sondern auch das Niveau
des Sprengelborns senkte sich, so daß er jetzt im Sommer
häufig versiegt, und man dann auf der Sehert auf Zisternen-
wasser angewiesen ist. Es besteht also eine Verbindung
zwischen Prophetenbrunnen und Sprengelborn, und das Vertiefen des Brunnens hat dem Wasser einen erleichterten
Abfluß geschaffen, der im Sommer ein völliges Versiegen herbeiführt. Liefert ein Brunnen im Plänergebirge nur irgendwie
hinreichende Quantitäten, so kann von weiterer Vertiefung
nicht genug abgeraten werden.

Aus hygienischen Rücksichten ist das im Plänergebirge
zirkulierende Wasser in vielen Fällen völlig unbrauchbar;
manche der Wassersysteme setzen unter Siedelungen her oder
erhalten Zuflüsse von dort und nehmen so ihre Abwässer
auf, in manche gelangen die gesundheitsschädlichen Stoffe aus
dem Dünger der Felder. Das Wasser des Plänergebirges ist
deshalb auf das sorgfältigste auf schädliche Stoffe hin zu unter-
suchen; dabei ist ein einmaliges günstiges Ergebnis, besonders

wenn die untersuchte Wasserprobe nach längerer Dürre oder
anhaltender Kälteperiode entnommen wurde, ziemlich belanglos,
vielmehr ist namentlich auf die Untersuchungsergebnisse der
nach heftigen Niederschlägen entnommenen Proben Wert zu
legen; sollte sich das erschlossene Wasser gelegentlich getrübt
zeigen, so ist seine Brauchbarkeit von vornherein schon außerordentlich unwahrscheinlich.

Je länger ein Untergrundstrom im klüftigen Pläner verweilt, je mehr er den Untergrund von Siedelungen oder in
Kultur stehenden Feldern kreuzt, und je mehr das offene
Tagewasser der Bäche in ihn gelangt, um so größer ist im
allgemeinen die Gefahr der Verunreinigung, und so kommt
es, daß zum Beispiel in Paderborn in den hunderten der dort
entspringenden Quellen nicht genügend einwandfreies Trinkwasser für die Versorgung der Stadt zu erlangen war. Erst
neuerdings scheint man der großen Schwierigkeiten, in der sich
die Stadt in Bezug auf ihre Wasserversorgung befand, nach Ein-
führung des Siemens und Halske'schen Ozonisierungsverfahrens
Herr geworden zu sein.

Seite 87 und 88 war die Rede davon, daß sich vielleicht im
Liegenden des cenomanen Mergels unter hydrostatischem Drucke
stehendes Wasser findet, so daß eine Bohrung bis in diese
Tiefe möglicherweise artesisch aufsteigendes Wasser liefern
würde; ich brauche das dort gesagte nicht zu wiederholen,
und nur, um keine übertriebenen Hoffnungen aufkommen zu
lassen, hebe ich nochmals hervor, daß die Aussichten auf ein
günstiges Ergebnis einer solchen Tiefbohrung recht gering
sind; nur ein praktischer Versuch wird hier die Entscheidung
bringen, und dieser ist trotz der ziemlich hohen Kosten
und der geringen Aussicht auf Erfolg im Hinblick darauf
warm zu befürworten, daß ein günstiges Ergebnis mit einem
Schlage die Wasserkalamität ausgedehnter Bezirke des Plänergebietes beseitigen würde.

Druck der C. Feister'schen Buchdruckerei,
Berlin N., Brunnenstrasse 7.

Höhenschichtenkarte des Ursprungsgebietes der Paderquellen zu Paderborn.

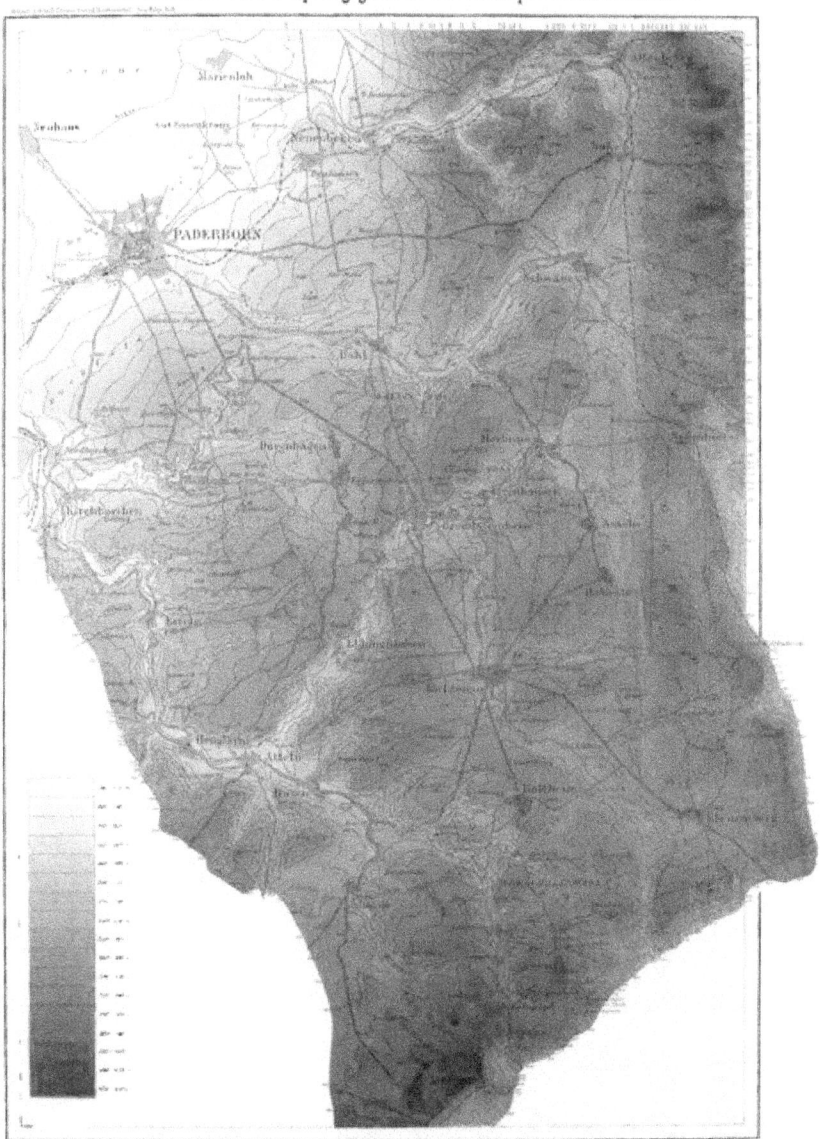

Geologische Uebersichtskarte
der
Kreidebildungen
zwischen **Paderborn** und dem südlichen **Egge-Gebirge.**

Hydrologische Karte des Ursprungsgebietes der Paderquellen.

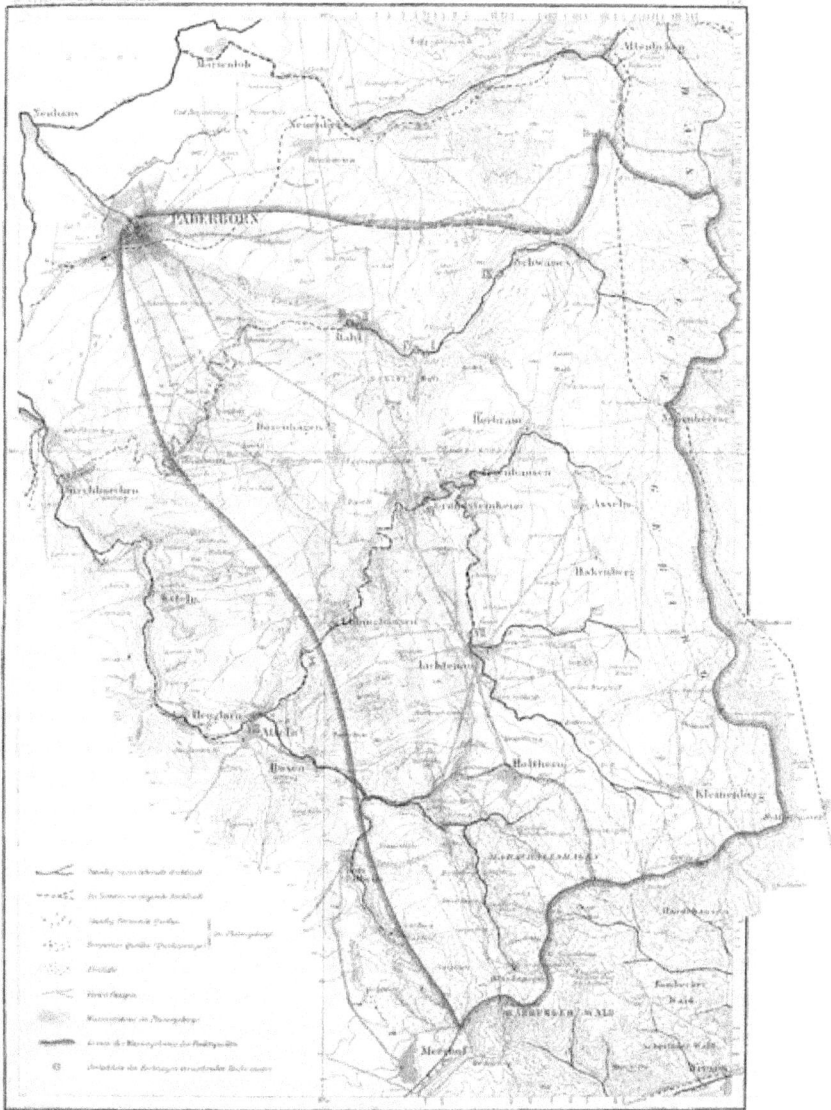

Lageplan der Paderquellen
zu Paderborn

1 : 3125.

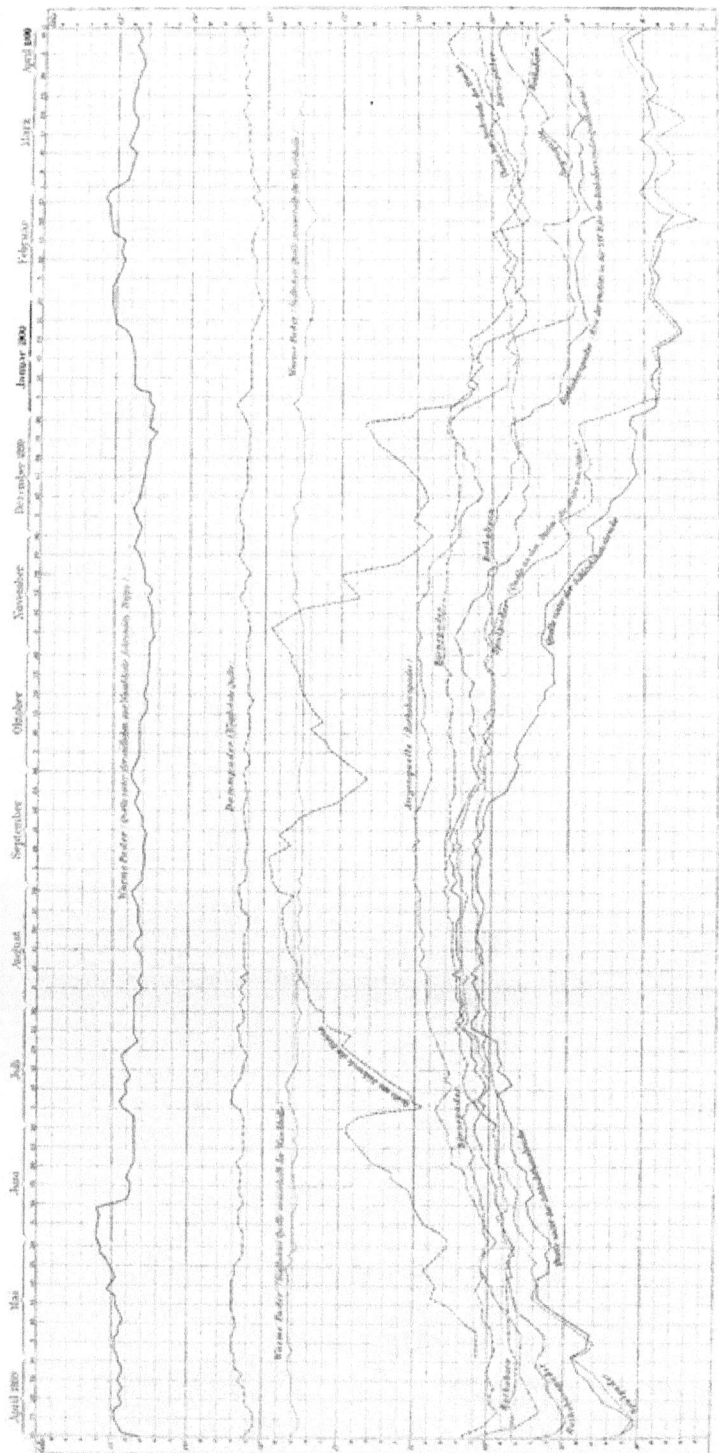

Temperaturcurven einiger Pader-Quellen
in der Zeit vom April 1899 - April 1900.
Nach Messungen von Dr. Fricke

April 1899 · Mai · Juni · Juli · August · September · Oktober · November · Dezember 1899 · Januar 1900 · Februar · März · April 1900

Ansicht der Pader beim Ausflusse aus der Stadt.

Druck der C. Feister'schen Buchdruckerei,
Berlin N., Brunnenstrasse 7.